사람이 좋아지는
관계

10대를 위한 심리학자의 인성교육 ❶
사람이 좋아지는 관계

초판 3쇄 발행 2021년 9월 10일

지은이 이민규
그린이 원정민

펴낸이 김찬희
펴낸곳 끌리는책

출판등록 신고번호 제 25100-2011-000073호
주소 서울시 구로구 연동로11길9, 202호
전화 (02) 335-6936 편집부 (02) 2060-5821
이메일 happybookpub@gmail.com
페이스북 facebook.com/happybookpub   **블로그** blog.naver.com/happybookpub
포스트 post.naver.com/happybookpub   **스토어** smartstore.naver.com/happybookpub

ISBN 979-11-87059-27-1 73190
     979-11-87059-32-5   세트
값 12,000원

- 잘못된 책은 구입하신 서점에서 교환해드립니다.
- 이 책 내용의 일부 또는 전부를 재사용하려면 반드시 사전에 저작권자와 출판권자에게 서면에 의한 동의를 얻어야 합니다.
- 이 도서의 국립중앙도서관 출판예정도서목록(CIP)은 서지정보유통지원시스템 홈페이지(http://seoji.nl.go.kr)와 국가자료공동목록시스템(http://www.nl.go.kr/kolisnet)에서 이용하실 수 있습니다. (CIP제어번호: CIP2017031647)

* 123RF, 봉숭아틴트, 리틀베어, 챠오츄르, 꼬마나비
  폰트 저작권자 오픈애즈(OPENAS.COM)

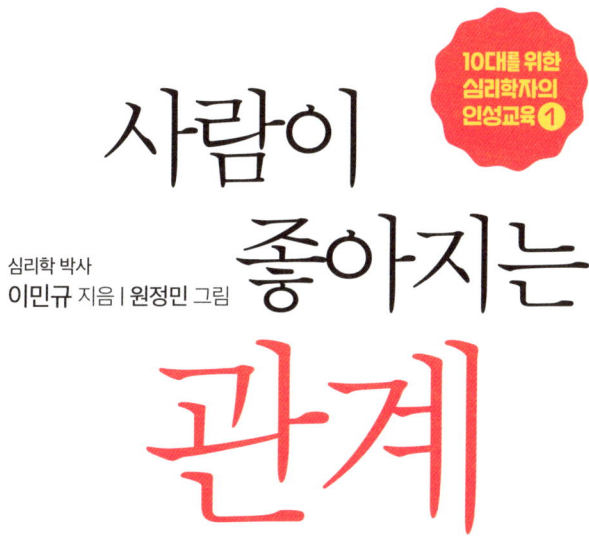

10대를 위한 심리학자의 인성교육 ❶

사람이 좋아지는 관계

심리학 박사
이민규 지음 | 원정민 그림

머리말

관계가 좋으면 세상이 즐겁다

✒️ 친구와 사이가 좋으면 학교로 가는 발걸음이 가벼워. 좋아하는 친구를 만날 수 있으니까. 좋아하는 선생님의 수업시간은 즐거워. 선생님이 날 사랑하고 지지해 주는 느낌이 있으니까. 부모 형제와 친밀하게 지내면 어떤 일이 닥쳐도 크게 불안하거나 겁나지 않아. 진심으로 날 믿어 주고 도와줄 사람이 곁에 있다는 믿음이 생기니까.

어릴 때부터 사람들과 사이좋게 지내면 평생 행복하고 성공적인 삶을 살 수 있어. 반대로 사람들과 원만하게 지내지 못하면 평생 고달픈 삶을 살아야 할지도 몰라. 어른이 되어 초등학교나 중학교 동창을 만나면 학창 시절에 사람을 대했던 태도나 말투가 그대로인 경우가 많아. 인간관계를 맺는 방식은 한 번 형성되면 오랫동안 유지되기 때문이지. 그래서 사춘기나 청소년기에 사람들과 관계를 잘 맺는 것에 대해 제대로 배워야 하는 거야.

이 책은 가족, 친구, 선생님 및 이웃과 어떻게 하면 좋은 관계를 맺고 유지할 수 있는지 알기 쉽게 소개하고 있어. 나는 여러분이 이 책을 읽고 사람과 만나고, 사귀고, 헤어지는 과정을 배우고 연습하는 계기로 삼으면 좋겠어. 그래서 주변 사람이 늘 만나고 싶고, 함께 있고 싶은 멋진 신사와 숙녀로 성장하기를 바라!

여러분을 좋아하는
이민규

차례

머리말_ 관계가 좋으면 세상이 즐겁다 4

1 사람들이 날 좋아하게 하려면

웃는 사람 주위에 사람이 모인다 10
말 잘하는 사람보다 잘 듣는 사람 24
표정과 몸짓으로 소통하기 38
사과는 빠를수록 좋다 52
고마움을 알고 표현하는 사람 66

2 사람들과 가까워지려면

누구나 자기를 좋아하는 사람을 좋아한다　82

사람은 끼리끼리 어울린다　96

자주 보면 친해진다　110

뜻밖의 작은 친절을 베푼다　122

3 사람들과 오랫동안 친하게 지내려면

사람들은 모두 다르다　136

상처는 건드리지 말자　148

적당한 거리를 두자　158

모르면 모른다고 말하자　172

4 우리가 사랑해야 할 사람

엄마 아빠, 사랑해요　186

나는 선생님이 좋아요　202

친구야, 우리 이렇게 정을 나누자　216

1

웃는 사람 주위에 사람이 모인다

인간과 가장 가까운 친척인 침팬지는
표정을 지을 수 있는 근육이 발달해
다른 포유류보다 다양한 감정 표현 능력을 갖고 있다.
눈살을 찌푸려 불쾌한 감정을 나타내거나
눈을 말똥말똥 떠서 호기심을 드러내거나,
무서운 표정으로 이빨을 보이며
분노를 표현할 수도 있다.
그렇지만 침팬지는 결코
인간처럼 웃거나 미소를 짓지는 못한다.

웃음은 인간에게만 허용된 것이며
인류의 가장 강력한 무기다.

웃어서 성공한 한국인

미국 사회를 웃음으로 사로잡은 한국 여성이 있다.
'미국을 대표하는 100대 여성 기업인', 'ABC 방송 선정 올해의 아시안 지도자', '소수민족 사업가 대상' 등 늘 화려한 수식어가 따라다니는 '진수 테리(김진수)'다.

미국에 건너가 밤낮없이 공부와 일에 매달렸던 그녀는 어느 날, 7년 동안 일한 회사에서 하루아침에 해고된다.

그 일로 충격을 받은 진수 테리는 부사장에게 자신이 해고된 이유를 따져 물었다.
그러자 부사장이 대답했다.

"당신은 머리도 좋고, 일도 잘합니다.
하지만 당신의 얼굴엔 미소가 없어요.
재미도 없죠.
당신에게 필요한 건

다른 사람들과 잘 대화하고
그들의 생각을 이해하는 겁니다."

이 일을 계기로 진수 테리는 생각을 바꾸었다.
그리고 자신만의 강력한 무기인
'웃음'을 앞세워 미국 사회에서
성공한 기업인으로,
웃음을 전파하는 강사로
우뚝 설 수 있었다.

10대를 위한 관계 수업 ❶

정치인이 인기가 더 많을까, 연예인이 인기가 더 많을까? 학생들은 뉴스를 더 좋아할까, 개그 프로그램을 더 좋아할까? 정치인보다는 연예인이, 뉴스보다는 예능 프로그램이 더 인기가 많을 거야. 나는 그 이유가 '웃음'에 있다고 생각해. 정치인이나 앵커보다 개그맨이 더 잘 웃고 다른 사람들을 웃게 하잖아.

유머가 풍부한 사람은 어딜 가나 인기가 많아. 학교나 직장에서도 인기 있는 사람을 보면 환한 미소를 잘 짓는 사람이거나 자주 웃는 사람인 경우가 많지. 이성 친구들에게 인기가 많은 친구를 잘 살펴봐. 잘생기거나 예뻐서일 수도 있지만, 잘 웃고 친구들을 웃게 만드는 게 인기의 비결이야.

웃음은 힘이 세다

"만나서 반가워요."
"당신이 좋아요."
"함께 있으면 즐거워요."

이런 말을 들으면 기분이 좋아지지? 그런데 이런 말을 하면서 인상을 찡그리거나 화난 표정을 짓는 사람이 있을까? 아마 대부분의 사람은 웃으면서 이런 말을 할 거야. 웃음은 사람과 사람의 관계를 부드럽게 연결해 주는 강력한 힘이 있어.

누군가에게 부탁할 때 웃거나 미소를 띠면 인상을 쓰며 부탁할 때보다 도움 받을 가능성이 더 높아. 선생님이나 부모님께 잘못했을 때를 떠올려 봐. 웃으면서 용서를 구할 때 더 혼났을까, 덜 혼났을까? 친구에게 실수했을 때는? 웃으며 사과할 때와 인상을 구기며 사과할 때 어느 쪽이 화해하기 쉬웠는지 곰곰이 생각해 봐. '웃는 얼굴에 침 못 뱉는다', '웃으면 복이 온다'는 말이 괜히 있는 건 아닐 거야. 단, 비웃거나 빈정대는 웃음은 안 되겠지?

입장을 바꿔 놓고 생각해 볼까? 옆에 앉은 짝꿍이 하루 종일 말도 안 하고 우울한 표정을 짓고 있다면 어떨까? 짝꿍이 걱정되기도 하면서 내 기분도 축축 처질 거야. 하지만 환하게 웃고 있으면 나까지 덩달아 기분이 좋아질걸? 사람의 감정은 전염되는 성질이 있어. 한 사람이 기분 좋으면 주변 사람들도 같이 기분이 좋아지고, 한 사람이 기분 나쁜 상태로 계속 있으면 주변 사람들도 다 기분이 나빠지는 거지. 이러한 현상을 심리학에서는 '**감정 전염**' 또는 '**감정 전이**'라고 해.

사람들이 웃지 않는 이유

스탠퍼드 대학교 윌리엄 프라이 박사의 조사 결과에 따르면, 6세 정도의 유치원생들은 하루 평균 300번 정도 웃는대. 하지만 어른이 되면 하루에 겨우 15번 정도 웃는다고 해. 물론 이해는 돼. 아무래도 어른이 되면 걱정거리가 늘어나고 스트레스도 많아질 테니까.

그런데 더 큰 이유가 있어. 뭐냐면 어른이 되는 동안 웃음에 대한 부정적인 생각을 배우기 때문이야. "실없이 웃지 마!" "쓸데없이 웃을래?" "시시덕거리지 마!" 이렇게 웃다가 야단맞은 경험이 많아지면 함부로 웃으면 안 된다고 생각하게 되는 거지. 또 잘 웃으면 자기를 우습게 보는 게 아니냐고 화내는 사람도 만나게 돼. 그러다 보면 '웃는 것이 좋지만은 않다'라고 생각하면서 웃음을 아끼게 되는 것 같아.

또 다른 이유도 있어. 잘 웃지 않는 사람은 웃을 일이 없어서 그런다고 하더라고. 정말 웃을 일이 없을 수도 있으니, 아주 틀린 말은 아니야. 안 좋은 일이 있을 때 웃을 수 있는 사람이 몇이나 되겠어.

하지만 기분이 안 좋거나 안 좋은 일이 있을 때, 억지로라도 웃는 표정을 지으면 안 좋은 기분이 서서히 사라지고, 마음도 편안해질 거야. 정말 그게 가능하냐고? 그럼, 물론이야. 심리학에는 얼굴 표정을 바꾸는 것만으로도 사람의 감정 상태가 달라진다는 이론이 있거든. '**우리는 행복하기 때문에 웃는 것이 아니라 웃기 때문에 행복해진다**'는 이 말, 꼭 기억하면 좋겠어.

다른 사람을 웃게 하는 것도 중요하다

유머 감각은 사람을 끌어당기는 자석과도 같아. 앞에서도 말했듯이 상대를 웃게 만드는 사람의 주변에는 항상 사람들로 북적이잖아. 그래서 항상 웃으며 생활하고 타인도 웃게 하는 사람은 어려움에 처해도 도와주려는 사람이 많아. 좋은 일을 시작하면 많은 사람들의 지지와 응원으로 큰일을 해내기도 해.

사람을 웃기는 능력이 없다고? 어떻게 해야 다른 사람을 웃길 수 있는지 영 모르겠다고? 너무 걱정할 필요는 없어. 유머 감각이 반드시 타고나는 건 아닌 것 같아. 타고난 사람이면 개그맨이나 코미디언이 되겠지.

만일 유머 감각으로 많은 친구들과 잘 지내고 싶다면, 우선 주변 사람들에게 애정을 가지고 너그러운 마음으로 대하는 연습을 해 봐. 또 여유 있는 태도로 생각의 폭을 넓혀 보는 것도 좋아. 유머 감각이 뛰어난 사람을 잘 관찰해서 배울 점을 찾는 것도 도움이 될 거야.

아무리 노력해도 유머 감각이 늘지 않는다고? 그럴 땐 다른 사람의 말에 잘 웃어 주면 돼. 사람은 잘 웃기는 사람보다 자기 말에 잘 웃어 주는 사람을 더 좋아한다는 연구 결과도 있거든. 억지로 웃기려 하지 말고, 자연스럽게 웃으면 돼.

간단한 실험 하나를 함께 해 보자. 먼저 심각한 표정을 짓고 눈을 감는 거야. 그리고 떠오르는 생각과 감정을 느껴 봐. 그다음에는 미소를 지으며 눈을 감아 보는 거야. 생각과 감정이 조금 전과 달라졌다는 느낌이 들어?

웃음은 단지 표정만 바꾸는 게 아니야. 우리의 행동을 바꾸고, 감정을 바꾸며, 생각까지 바꿀 수 있지. 다른 사람에게 미소를 보내면 그 사람 역시 나에게 미소를 보내고, 내가 인상을 쓴다면 그 사람 역시 인상을 쓸 거야. 미소는 부메랑처럼 나에게 돌아오는 법이지. 이전보다 더 많이 웃고, 더 많이 웃으려고 노력한다면 우리의 삶은 지금보다 훨씬 더 부드러워질 거야.

생각하기

◉ 웃음과 미소 덕분에 친구와 더 친해지거나 야단을 덜 맞은 경험이 있는지 생각해 보자.

실천하기

◎ 하루는 밝은 표정으로 지내고, 하루는 어두운 표정으로 지내는 실험을 해 보자. 감정에 어떤 변화가 생기는지, 날 만난 주변 사람들의 반응은 어떤지 메모해 보자.

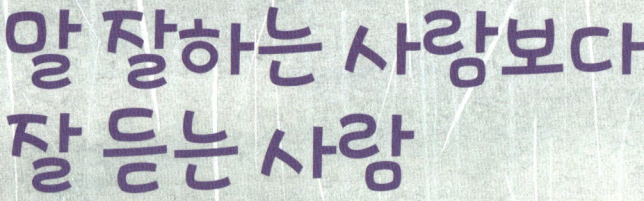

칭기즈칸은 배운 게 없어
자기 이름도 쓸 줄 몰랐다.
하지만 그는 항상 남의 말에 귀를 기울였다.
몽골을 대제국으로 만든 그는

"내 귀가 나를 현명하게 가르쳤다"고
말했다.

탁월한 리더는 자기 말을 아끼는 대신
남의 말에 귀를 기울이고 질문을 많이 한다.
다양한 사람들의 이야기 속에
소중한 정보와 지식이 있다는 사실을
잘 알고 있기 때문이다.

입 대신 눈과 귀를 택한 경청의 달인

1986년 처음 방송되어 2011년에 종영될 때까지
25년 동안 전 세계 사람들에게 많은
사랑을 받은, 미국의 토크쇼가 있다.
바로 '오프라 윈프리 쇼'.
토크쇼는 1시간 동안 진행되는데,
오프라 윈프리가 말하는 시간은
고작 10분 정도였다.
그렇다면 나머지 50분 동안

오프라 윈프리
© Wikimedia commons

그녀는 무엇을 했을까?
오프라 윈프리는 토크쇼 내내
초대된 손님과 눈을 맞추고,
고개를 끄덕이고, 질문을 던지며
이야기가 끊이지 않게 하는 데
시간을 보냈다.

말하기 대신 듣기를 선택하고,
입 대신 눈과 귀를 활짝 연 것이다.
오프라 윈프리는 '오프라 윈프리 쇼'의 인기와
장수 비결을 묻는 질문에 이렇게 대답했다.

"저는 말을 잘하는 사람이 아니라
다른 사람의 말을 잘 들어 주는 사람이에요."

10대를 위한 관계 수업 ❷

"선생님, 저에겐 큰 고민이 있어요. 내성적이라서 그런지 다른 사람들과 함께 있으면 무슨 말을 해야 할지 몰라 입이 떨어지지 않아요. 그래서 친구를 사귀기도 힘들고, 발표를 할 때에도 무슨 얘기를 어떻게 해야 할지 몰라 늘 초조해요. 말을 잘하고 싶은데, 어떻게 해야 하나요?"

어떤 독자가 내게 보내 온 상담 메일이야. 주변을 돌아보면 의외로 말주변이 없어서 고민하는 사람이 많아. 억지로 이야깃거리를 만들어서 말을 꺼냈는데, 상대방의 반응이 미적지근해서 상처받고 의기소침해졌다는 말도 자주 듣곤 해. 그래서 나는 기회가 될 때마다 사람들에게 이렇게 얘기해. "할 말이 없을 때는 상대방의 이야기를 들어 주는 쪽을 선택하세요."

사람을 움직이는 것은
입이 아니라 귀다

말을 막힘없이 술술 잘하는 사람을 보면 부럽다고? 물론 말을 잘하는 게 좋은 재주인 것은 맞아. 그런데 사람들은 말을 잘하는 사람보다 잘 들어 주는 사람을 더 좋아하는 것 같아.

귀를 기울여 남의 말을 잘 듣는 것을 '경청'이라고 해.

경청을 잘하는 사람은 상대방에게 '아, 내가 존중받고 이해받고 있구나'라는 느낌을 줄 수 있어. 상대방의 마음을 열려면 먼저 자신의 귀를 활짝 열어 놓아야겠지? 상담이 직업인 사람들이 말 잘하는 법보다 듣는 법을 먼저 배우는 것도 이런 이유 때문이야. 이 말을 꼭 기억해 두면 어떨까?
사람을 움직이는 힘은 입이 아니라 귀에서 나온다!

남들과 잘 어울리지 못하는 게 고민인 사람들 중 상당수는 자신이 말주변이 없어서 그렇다고 생각해. 그런데 유심히 살펴보면 문제는 말을 못해서가 아니라 제대로 듣지 못해서 생기는 경우가 훨씬 더 많아.

갈등을 풀려고 대화를 시작했다가도 상대방의 이야기를 끝까지 듣지 않아서 오히려 갈등이 깊어지는 경우가 종종 있어. 그럴 땐 상대의 이야기를 자르거나 중간에 끼어들지 말고 끝까지 경청하면 의외로 문제가 쉽게 해결돼. 이야기하는 사람은 말을 하면서 문제가 무엇인지 정리할 수 있고, 듣는 사람은 이야기를 끝까지 들으면서 문제를 해결할 방법을 찾을 수 있거든. 사실 갈등을 겪는 사람들은 원인이 무엇인지도 모르는 경우가 많아. 서로 상대의 이야기를 듣지 않으니까. 문제가 무엇인지 모르니 당연히 해결할 수도 없는 것이지.

다른 사람의 말을
귀담아듣기 어려운 이유

경청이 중요하다는 것을 잘 아는 사람도 막상 대화를 시작하면 상대방의 말을 귀담아듣지 못해. 왜 그럴까? 여기에는 몇 가지 이유가 있어.

첫째, 경청은 집중력을 쏟고 에너지를 써야 하는 일이기 때문이야. 경청은 단순히 귀만 열어 놓는 것이 아니라, 상대방의 이야기를 적극적으로 들어야 하는 일이거든.

둘째, 상대방의 말을 듣고만 있으면 자신은 아는 것도

별로 없는 사람이라는 생각이 들고, 말을 해야 상대방에게 인정받을 수 있을 거라는 생각이 들기 때문이지.

셋째, 경청하는 자세를 누구에게도 배울 기회가 없었기 때문이야. 학교나 집에서 읽고 쓰고 말하는 것은 일찍부터 배우지만, 상대의 말을 귀담아듣는 법을 제대로 배우거나 훈련받진 않으니까.

넷째, 말을 듣다 보면 다음에 나올 말이 무슨 내용인지 이미 알고 있다고 생각하기 때문이야. 갈등을 겪고 있는 사람들의 불평을 들어 보면, 가까운 사이일수록 상대방이 자신의 말을 듣지 않고 무시한다고 말하는 사람이 많아. 이미 서로 많이 알고 있다고 생각해서 대화도 하지 않고, 대화를 해도 경청하지 않기 때문에 오해가 생기는 거지. 하지만 실제로 서로를 많이 알고 있는 사람은 드물어. 그런 사람들에게 나는 이렇게 말하곤 해. "상대방의 말을 귀담아듣지 않으면 정보도 잃고 사람도 잃게 됩니다."

적절한 맞장구는 대화의 윤활유

'맞장구치다'라는 말은 원래 풍물놀이에서 서로 주거니 받거니 하며 장단 맞춰 장구를 치는 것을 말해. 요즘에는 다른 사람의 말에 바로 호응하거나 동의하는 표현으로 더 많이 사용하지. 풍물놀이의 맞장구가 신명을 돋운다면, 대화할 때의 맞장구는 대화의 분위기를 무르익게 해.

"우아!" "대단한데?" "그래?" "맞아요." 상대방의 이야기에 따라 이렇게 다양한 말로 맞장구를 칠 수 있어. 요즘 친구들은 "헐~", "대박!" 등의 말을 많이 쓰는데 이것도 일종의 맞장구야. 물론 이때 상대방의 눈을 지그시 응시하는 것도, 입가에 엷은 미소를 띠는 것도, 고개를 끄덕이는 것도 훌륭한 맞장구지.

게다가 대화 주제에 맞는 질문은 최고 수준의 맞장구야. 상대의 말에 주의를 기울이면서 궁금한 사항을 질문하면 여태까지 몰랐던 새로운 사실을 알게 되고, 적절한 질문은 상대를 빛나게 하기도 하고 나도 똑똑해 보이니까 일석이조지.

맞장구를 잘 치려면 기본적으로 상대방의 이야기를 잘 들어야 해. 무슨 이야기를 하는지도 잘 모르면서 어떻게 적절한 맞장구를 치겠어?

하지만 너무 과하거나 분위기에 맞지 않는 맞장구는 오히려 역효과가 난다는 사실도 알아 두면 좋을 거야. 그리고 윗사람이 중요한 이야기를 할 때는 그냥 잠자코 들어. 섣부르게 맞장구를 치면 사람이 가벼워 보이고, 말끝마다 맞장구를 치면 오히려 상대방이 기분 나쁠 수도 있거든. 경청하는 법도, 맞장구치는 법도 너무 어렵다고? 앞으로 차근차근 하나씩 배워 나가면 돼. 처음부터 다 잘할 수는 없잖아.

어떤 사람을 움직이려면 먼저 그 사람의 마음을 열어야 해. 상대방의 마음을 여는 가장 좋은 방법은 바로 내 귀를 여는 것이지. 누군가를 더 잘 이해하고 그 사람과 더 좋은 관계를 유지하고 싶다면 말을 하는 것보다 두 배는 더 많이 들어야 해. 그게 바로 입은 하나지만 귀는 두 개인 이유인지도 몰라.

언제 입을 다물고 언제 말을 해야 하는지를 아는 것은 우리가 인생에서 배워야 할 가장 중요한 일 가운데 하나라는 걸, 꼭 기억하자. 실천하기 어렵다고? 그럼 다음에 정리한 대화의 원칙을 큰 소리로 읽어 볼까? 반복해서 읽다 보면 저절로 실천할 수 있을 거야.

대화의 원칙 1, 2, 3

1 _ 1분 동안 말을 했다면
2 _ 2분 동안 귀 기울여 듣고
3 _ 듣는 동안 최소한 3번은 맞장구치자.

생각하고 실천하기

◎ 나는 친구와 대화할 때 말을 많이 하는 편인지, 친구의 말을 많이 들어 주는 편인지 생각해 보자.

◎ 수업 시간에 선생님과 눈을 마주치고 고개를 끄덕이거나 미소를 지으며 맞장구치는 연습을 해 보자.

표정과 몸짓으로 소통하기

심리학자 스나이더는
다른 사람들의 감정 상태와
다른 사람에게 자신이 어떤 모습으로 비치는지를
정확하게 파악하고,

상대나 상황에 맞게 자신의 행동을
적절하게 조절하는 능력을
'**자기감찰**(self - monitoring) **능력**'이라고 정의했다.

자기감찰 능력은 쉽게 말해
'눈치'라고 할 수 있다.

의사소통의 법칙 55 : 38 : 7

55 : 38 : 7이라는 비율은
미국의 심리학자 앨버트 메라비언이 관찰과 연구를 통해
발견한 '메라비언의 법칙'이다.
도대체 이 숫자들에 어떠한 의사소통의 비밀이
담겨 있는 걸까?

상대방에 대한 인상이나 호감 여부를 결정하는 데
눈에 보이는 몸짓이 55%,
목소리가 38%의 영향을 미치며,
말하는 내용은
겨우 7%의 영향만 미친다는 의미다.

효과적으로 의사소통을 하는 데
표정, 말투, 눈빛, 몸짓 같은 '행동의 소리'가
'말의 소리'보다 효과적이라는 이 연구 결과는
우리에게 어떤 의미가 있을까?

10대를 위한 관계 수업 ❸

'언어'라는 단어를 보면 가장 먼저 뭐가 떠올라? 문자? 말? 글? 모두 맞아. 언어는 인간의 생각이나 감정을 나타내고 전달하는 데 쓰는 소리나 문자를 말하지. 하지만 말과 글이 아니어도 우리는 다른 사람들에게 생각을 전달하고 이야기할 수 있어. 팬터마임이라는 연극을 생각해 봐. 한 마디 대사도 없이 표정과 몸짓만으로 내용을 전달하잖아. 이렇게 말이 아닌 표정이나 눈빛, 몸짓 등으로 하는 말을 통틀어 '몸짓 언어'라고 해. 흔히 영어로 '보디랭귀지'라고 하지.

앞에서 본 메라비언의 법칙은 바로 이 몸짓 언어의 중요성을 강조하고 있어. 지금부터 사람들과 관계를 잘 맺고 의사소통을 잘하는 데 몸짓 언어가 얼마나 큰 역할을 하는지 알아볼까?

몸짓 언어를 놓치면 관계가 나빠진다

친구들과 싸우지 않고 사이좋게 지내고 싶다고? 선생님이나 가족과 좋은 관계를 유지하고 싶다고? 그렇다면 몸짓 언어를 잘 이해해야 해. 몸짓 언어를 보면 그 사람이 전달하고 싶은 감정뿐만 아니라, 감추고 싶은 감정까지 숨김없이 드러나거든. 그래서 누군가를 제대로 이해하려면 그 사람의 몸짓 언어를 파악하는 것이 중요해. 특히 누군가와 처음 만날 때는 말보다는 행동이나 표정, 말투, 눈빛, 분위기로 상대방의 감정 상태를 알게 되는 경우가 더 많아.

결국 몸짓 언어를 보고 상대방이 나를 좋아하는지 싫어하는지, 기분이 좋은지 화가 나 있는지 파악하지 못하면 사람들과 좋은 관계를 맺을 수 없어. 반대로 상대방의 감정을 정확하게 파악하면 상대방의 반응에 적절하게 대처할 수 있지.

평소에 주변 사람이 하는 말과 함께 몸짓, 억양, 표정, 눈빛을 읽고, 이해하고, 공감하는 연습을 해 보면 어떨까? 동시에 자신의 감정과 의견을 몸짓 언어로 적절하게 표현하는 연습을 하는 것도 중요해.

눈치가 빠를수록
몸짓 언어를 잘 이해한다고?

"쟨 진짜 눈치도 없어."

"눈치껏 행동하면 돼."

우리는 평소에 '눈치'라는 말을 꽤 자주 사용해. 국립국어원 표준국어대사전을 보면 눈치란 '남의 마음을 그때그때 상황으로 미루어 알아내는 것', '속으로 생각하는 바가 겉으로 드러나는 어떤 태도'라고 풀이하고 있어. 쉽게 말해서 눈치가 없는 사람은 몸짓 언어를 잘 이해하지 못하는 사람이고, 눈치가 있는 사람은 몸짓 언어를 잘 이해하는 사람이라고 보면 돼. 눈치가 빠른 사람은 상대방의 속마음을 잘 읽어 내고, 몸짓 언어를 이해하고, 몸짓 언어로 이야기하는 능력이 뛰어나지. 또 자신의 행동을 상대나 상황에 따라 적절하게 조절하기도 해.

대화할 때 아무리 지루한 표정을 지어도 자기 말만 계

속 하는 친구, 성적이 잘 나와 '이 정도면 칭찬받을 수 있겠지?' 하는 기쁜 마음으로 성적표를 보여 드렸는데 다른 과목보다 점수가 낮은 과목만 가리키며 나무라는 부모님도 사실은 눈치가 없는 경우야. 생각해 봐. 한창 이야기를 나누는데 상대방이 하품을 하거나 딴짓을 하면 지루해 한다는 걸 알아채고 화제를 바꾸거나 이야기를 멈추는 친구, 성적표를 보여 드리면 잘한 과목을 먼저 칭찬하는 부모님이 더 좋잖아.

몸짓 언어, 인간관계에서만 중요할까?

하버드 대학교 심리학과 교수인 로젠탈 박사는 몸짓 언어에 관한 연구로 유명해. 로젠탈 박사는 사람의 말소리가 안 들리는 상태에서 표정만 보고 그 사람이 지금 어떤 상황인지 파악하게 하는 연구를 했어.

미국을 포함하여 열여덟 개 나라에서 총 7000명을 대상으로 조사한 결과, 사람들의 표정을 읽고 상대의 감정을 파악한 사람들이 그렇지 못한 사람들보다 대인관계가 원만했다고 해. 감수성도 풍부하고 말야.

또한 1011명의 어린이를 대상으로 연구했더니 상대방의 감정을 파악하는 능력이 뛰어난 아이들은 정서가 더 안정적이고 친구들에게 인기가 더 좋았대. 다른 아이들과 비교했을 때 지능 지수가 특별히 더 높은 것도 아닌데 성적도 월등히 높았다고 해. 한마디로 다른 사람의 감정을 정확하게 파악하는 것은 인간관계뿐만 아니라 학업에도 큰 도움이 된다는 거야.

다른 사람의 몸짓 언어를 이해하기가 쉽지 않다고? 그럼, 몇 가지 방법을 알려 줄게. 먼저 주변 어른들에게 방법을 물어보거나, 몸짓 언어와 관련된 책을 읽어 보는 거야. 또 주변에서 몸짓으로 표현을 잘하고, 몸짓 언어를 잘 알아차리는 사람을 유심히 관찰해 보는 것도 좋아.

무엇보다 가장 좋은 방법은, 거울을 보거나 비디오로 내 모습을 찍어서 내가 평소에 어떤 몸짓을 섞어서 말하는지 주의 깊게 살펴보는 거지. 어때? 지금 한번 시도해 볼까?

생각하기

◎ 말로만 생각을 전달하는 것이 더 쉬울까, 아니면 표정이나 몸짓을 곁들여 표현하는 게 더 쉬울까? 나는 어떤지 곰곰이 생각해 보자.

실천하기

◎ 좋아하는 영화를 무음으로 보면서 배우들의 몸짓 언어를 감상해 보자.

사과는 빠를수록 좋다

효과적으로 사과하는 방법 여섯 가지

- **시기를 놓치지 말고 가능한 한 빨리 하라.** 단, 상대방이 사과를 받아들일 수 없을 정도로 흥분한 상태라면 잠시 시간이 지난 다음에 하는 것이 좋다.

- **잘못과 책임을 인정하라.** 비아냥거리면서 마지못해 사과

하거나 변명부터 앞세우는 것은 오히려 역효과를 낸다.

- **조건을 달지 말고 사과하라.** 상대방이 사과를 하면 나도 사과하겠다는 식으로 조건을 다는 건 효과가 없다.

- **상대방의 감정에 공감을 표현하라.** 상대방이 느끼는 불쾌한 감정을 충분히 이해하고 표현할 때 효과가 크다.

- **같은 잘못을 반복하지 않겠다고 약속하라.** 자신의 잘못을 인정한 후 재발 방지를 약속해야 더 효과적이다.

- **가까운 사람부터, 사소한 일부터 사과하라.** 사과하는 습관을 들이려면 가까운 사람들에게, 사소한 실수를 했을 때부터 시작하는 것이 좋다.

대통령의 사과

미국 제35대 대통령인 존 F. 케네디는
취임 3개월 뒤인 1961년 4월,
특공대를 꾸려 쿠바를 공격했다.
하지만 결국 참담한 실패로 끝나고 말았다.
케네디 대통령은 스스로
텔레비전에 나가 공개적으로
국민에게 사과했다.

존 F. 케네디
ⓒ Wikimedia commons

"승리했을 땐 자신 덕분이라고
나서는 사람이 100명이지만,
실패하면 책임을 지는 사람이
한 명밖에 없습니다.
제가 정부를 대표해서
책임을 지겠습니다."

사과 이후
케네디 대통령은 곤경에서 벗어날 수 있었고,
더욱더 사랑받는 대통령이 되었다.

지도자뿐만 아니라 보통 사람도
사과는 진심을 담아
빨리 할수록 좋다.

10대를 위한 관계 수업 ④

"비 온 뒤에 땅이 굳는다"는 속담, 들어 봤을 거야. 시련을 겪은 뒤에 더 강해진다는 뜻이지. 인간관계에서도 갈등이나 어려움을 겪은 후에 더욱 믿는 사이로 바뀐다는 뜻으로 쓰여.

하지만 이 말은 갈등이 제대로 해결된 경우에만 맞는 말이야. 갈등을 잘 해결하려면 먼저 잘못을 인정하고 사과하는 사람이 있어야 해. 만일 아무도 잘못을 인정하지 않으면 둘 사이에는 감정의 골이 생기기 시작해. 이런 경우 이 속담은 이렇게 바뀌지 않을까? "비 온 뒤에 골이 더 깊어진다"라고.

혹시 잘못을 하고도 사과할 줄 모르는 사람 때문에 화가 났던 경험이 있니? 상대방이 진심으로 사과해서 자기도 모르게 화가 풀렸던 경험은? 도대체 '사과'가 뭐기에 다른 사람과의 관계를 쥐었다 놨다 하는 걸까?

우리는 왜 사과해야 할까?

사과를 하는 건 상대방을 위해서도 중요하지만 나에게 더 큰 영향을 미쳐. 변명하는 대신 솔직하게 잘못을 먼저 인정하고 진심으로 사과하면 다른 사람과의 관계가 더욱 돈독해지거든. 사과를 받는 사람은 자신이 존중받고 있다고 느끼는 동시에 사과를 하는 사람이 믿을 만한 사람이라고 생각하게 돼. 누구나 자기를 존중해 주고 믿음이 가는 사람을 좋아해. 그래서 '미안하다'고 먼저 말하면 이전보다 더 좋은 관계로 발전할 수 있어.

언젠가 내 아들을 크게 야단친 적이 있어. 돌이켜 보니 내가 너무 심한 말을 한 것 같아 먼저 미안하다고 사과했지. 그랬더니 아들이 이렇게 말하는 거야. "제가 잘못해서 그런 건데요, 뭐. 아빠, 죄송해요."

그런데 더 중요한 건 사과를 하면 내 마음의 짐을 덜 수 있다는 거야. 살다 보면 주변 사람에게 상처를 받는 일도 많지만, 어쩔 수 없이 상처를 주는 경우가 생겨. 실은 이럴 때가 더 마음이 아프다는 사실을 알게 돼. 잘못한 줄 알면서도 사과를 안 하고 있으면 그것 때문에 죄책감에 시달리거나 그 생각이 계속 떠올라 다른 일을 하기 힘들어지기도 하더라고. 상대를 만날 때마다 빚진 것처럼 마음이 불편하고. 그래서 진심을 담은 사과는 상대뿐 아니라 자신의 마음까지 치유하는 효과가 있어.

또 누군가의 기분을 상하게 했다고 느꼈을 때 사과하는 습관을 들이면, 자신의 행동이 다른 사람에게 어떤 영향을 미치는지를 더 잘 알게 돼. 그럼 좀 더 신중한 사람이 될 수도 있겠지?

'미안하다'는 말은 마법과도 같은 말이야. 이 말 한 마디로 우리는 "제 탓입니다", "당신을 존중합니다", "우리의 관계를 소중하게 생각합니다" 하는 마음을 전달할 수 있게 되거든.

반대로 잘못을 하고도 사과하지 않으면 상대방에게 이렇게 말하는 것과 같지. "문제는 당신에게 있어요." "나는 당신을 존중하지 않아요." "나는 당신과의 관계를 소중히 여기지 않아요."

왜 사과하지 않는 걸까?

잘못을 하고도 사과하지 않는 사람들은 어떤 사람일까? 반성할 줄 모르는 사람, 자기중심적이고 교만한 사람, 남 탓하기 좋아하는 사람, 자신감이 없고 열등감이 심한 사람, 무책임한 사람들이겠지. 남들이 자신에 대해 이렇게 평가하는 걸 좋아하는 사람이 있을까?

사람들이 사과하지 않는 이유는 여러 가지야. 사과를 미루다가 때를 놓치기도 하고, 자기 잘못은 알지만 쑥스럽고 겸연쩍어서 미안한 마음을 전하지 못하기도 해. 어떤 사람은 먼저 사과를 하면 왠지 지는 것 같다며 자존심을 지키느라 사과하지 않기도 해. 또 어떤 사람은 사과해도 상대방이 받아 주지 않을 거라는 두려움 때문에 사과를 미루기도 하지.

하지만 꼭 알아 둘 사실이 있어. 사과는 용서를 바라고 하는 행동이 아니야. 이기거나 지려고 하는 것도 물론 아니고. 사과란 그것이 옳은 일이기 때문에 해야 하는 거야. 다른 사람들과 평화롭게 지내고 싶다고? 그러면 '미안하다'고 말하는 것을 두려워하면 안 돼.

한 제자가 아버지와 다툰 뒤 3년 동안 대화는커녕 서로 만나지도 않아 마음이 아프다며 나에게 상담을 청했어. 도대체 아버지가 어떤 잘못을 했기에 관계가 그렇게 되었느냐고 물으니, 제자는 이렇게 대답했어. "사실 이렇게 될 정도로 아버지가 잘못하신 건 아니에요. 그리고 이제는 무엇 때문에 이러고 있는지도 기억이 나지 않아요."

내가 해 줄 수 있는 말은 단 하나였어. 지금 당장 잘못했다고 사과하라는 것이었지. 그리고 사랑한다는 말도 해 드리라고 했어. 나중에 그 제자가 메일을 보냈는데, 아버지와 화해했고, 사랑한다는 말에 아버지가 눈물을 글썽이셨다고 하더라고.

만일 누군가와 갈등을 겪고 있다면, 지금이라도 잘못했

다고 인정하는 것을 부끄러워하거나 두려워하지 말고, 얼른 미안하다고 사과해 보자. 눈을 피하면서 마지못해 입으로만 사과하지 말고, 상대방의 눈을 쳐다보면서 진심으로 미안한 마음을 전달하는 거지. 여기서 끝이 아니야. 진심으로 사과한 뒤에는 다시는 똑같은 잘못을 하지 않는 게 중요하겠지?

생각하기

◎ 부모님께 야단맞았던 경험을 떠올려 보자. 즉시 잘못을 인정했는지, 변명을 했는지, 아무 말도 안 했는지 기억해 보고, 어느 경우에 가장 덜 혼났는지 생각해 보자.

실천하기

◎ 최근에 다툰 친구가 있다면 더 늦기 전에 "그때는 내가 잘못했다"고 먼저 사과해 보자.

감사합니다

고마움을 알고 표현하는 사랑

고마워할 줄 아는 사람은

긍정적이며

다른 사람이나 세상을 소중하게 여긴다.

작은 호의도 당연하게 여기지 않고
어떻게든 되갚으려 한다.

우리는 그런 사람을
좋아한다.

사흘만 볼 수 있다면

헬렌 켈러가 숲 속을 산책하고 온 친구에게 물었다.
"숲에서 무얼 보았니?"
친구가 대답했다.
"별로 특별한 것이 없었어."
이런 친구를 도저히 이해할 수 없었던 그녀는
"사는 동안 내 유일한 소망은
죽기 전에 꼭 사흘 동안만
눈을 뜨고 세상을 보는 거야" 하면서

사흘 동안의 계획을 말했다.

"첫째 날, 눈을 뜨고 볼 수 있게 된 첫 순간 나는,

가장 먼저 설리반 선생님을 찾아갈 거야.

손끝으로 만져서 알던 선생님의 인자한 얼굴과

아름다운 몸매를 몇 시간이고 물끄러미 바라보면서

그 모습을 마음속 깊이 간직하려고.

둘째 날에는 동트기 전에 일어나서

밤이 아침으로 바뀌는 가슴 설레는 기적을 바라볼 거야.

낮에는 박물관과 미술관을 둘러보고

밤에는 영화나 공연을 보러 가고,
또 영롱하게 빛나는 밤하늘의 별을 볼 거야.
셋째 날에는 일찍 큰길로 나가 부지런히 출근하는
사람들의 활기찬 표정을 보고 싶어.
눈을 다시 감아야 하는 마지막 순간에는
이 사흘만이라도 눈을 뜨고 볼 수 있게 해 준
하느님께 감사의 기도를 드리고
영원히 어둠의 세계로 돌아가려고 해."

이미 소유하고 있는 것에 감사하고
그것을 더 진지하게 사용한다면
우리는 지금보다
더 큰 행복을 느끼게 될 것이다.

10대를 위한 관계 수업 ❺

　새로 사귄 친구가 있어. 마침 집도 가까워서 친해졌지. 그래서 떡볶이도 한두 번 사 주고, 게임기도 빌려주고, 어려운 숙제 풀이도 보여 줬는데, 어느 순간 아무것도 주기 싫어진 거야. 그 친구는 전혀 고마워할 줄 모르고, 내게서 뭔가를 받고도 늘 당연하게 생각하는 것 같았거든.

이렇게 고마워할 줄 모르는 사람을 보면 이런 생각을 하게 돼. '참 뻔뻔하구나.' '다른 사람은 소중한 줄 모르는군.' '정말 이기적이야.' 반대로 당연한 일인데도 감사할 일을 찾아내 표현하는 사람도 있어. 둘 중 어떤 사람과 더 가깝게 지내고 싶니?

감사하는 마음이 중요한 이유

'고맙다'는 말을 들으면 기분이 어때? 가족끼리 '고맙다'는 말을 자주 주고받으면 집안 분위기는 어떻게 변할까?

하나, 감사하는 마음은 사람을 행복하게 한다.
"고마워!" 이 한 마디는 다른 사람을 기쁘게 해. 말하는 사람도 기분이 좋아지는 건 당연하겠지? 만약 내가 누군가에게 감사 인사를 잘하면 그 사람 역시 아주 사소한 것이라도 내게 해 주고 싶어 할 거야. 나는 감사한 마음을 표현한 것뿐이지만 덕분에 더 많은 것을 얻게 되는 거지. 다른 사람에게 고마워했더니 내가 더 행복해지는 느낌이라고 할까?

둘, 감사하는 마음은 몸과 마음과 두뇌를 건강하게 한다.
캘리포니아 주립대학교의 로버트 에몬스 심리학 교수는 감사하는 마음이 몸과 마음을 더 건강하게 해 준다는 사실을 실험으로 증명했어. 실험에 참여한 사람들에게 매일 고마운 일 다섯 가지씩을 쓰게 했어. 그리고 쓰지 않은 사람들과 비교했지. 결과가 어땠을까? 감사 일기를 쓴 사람들이 쓰지 않은 사람들에 비해 건강 상태가 눈에 띄게 좋아졌어. 또 스트레스는 줄어들고, 행복감은 훨씬 더 많이 느끼게 되었다고 해. 신기하지?

고마움을 많이 느끼는 사람일수록 더 낙관적이고 사고가 유연해서 문제해결 능력도 더 뛰어나다고 알려져 있어. 사람들의 도움이나 지지를 얻고 싶다고? 건강하고 행복하게 살고 싶다고? 그럼 늘 고마움을 느끼고 감사하는 마음을 갖도록 노력해 봐. 성공한 사람은 남의 배려를 당연하게 여기지 않고 늘 감사하는 마음을 갖고 있다는 공통점이 있어. 우리도 작은 친절에 고마워하며 어떤 식으로든 감사의 뜻을 전해 보는 건 어떨까?

늘 거기 있다고
당연하게 여기지 말자

어느 날 친구가 놀러왔어. 그런데 내가 좋아하는 간식을 사 온 거야. 그럼 우리는 어떻게 할까? 당연히 고맙다고 말하겠지? 그런데 가족에게는 어때? 남이 어쩌다 한 번 베푼 작은 친절에는 고맙다는 말을 잘하면서도 정작 누구보다 감사해야 할 가족에게는 아무 표현도 하지 않는 경우가 정말 많아. 오히려 함부로 대할 때도 있어. 가족이니까 당연하다고 여기는 거지. '가족은 내가 어떻게 해도 괜찮은 존재'라고 생각하기 때문이야.

어느 날 학생 한 명이 상담을 받으러 왔어. 고맙다는 말을 잘 안 해서 엄마가 서운해 하셨다면서 이렇게 말했어. "가족끼리 그걸 꼭 말로 해야 돼요?" 이 질문에 나는 뭐라고 대답했을까? "당연히 해야지. 말로 하는 게 쑥스러우면 문자나 편지로라도 표현해야지."

감사는 혼자 간직해야 하는 감정이 아니야. 고맙게 느끼면 바로 표현하는 게 좋아. 다른 사람은 물론 부모나 형제에게도 마찬가지야. 가족이라고 언제까지나 같이 살 수는 없거든. 언젠가는 헤어질 테고, 그게 언제가 될지는 아무도 몰라. 오늘이 가족을 볼 수 있는 마지막 날이라고 생각해 봐. 다시 못 볼 사람처럼 바라보면 그동안 무심코 넘겼던 가족들의 웃음, 잔소리나 부탁 등 모든 것이 새롭게 느껴질 거야. 가끔은 오늘 만나는 사람을 다시는 만나지 못한다고 생각해 봐. 그리고 그동안 잊고 지낸 감사함을 찾아보는 거지.

사소한 일에서부터 감사할 일을 찾아보자

고마움을 느끼지 못하는 사람은 하나같이 자기에게는 감사할 일이 없다고 말해. 하지만 정말 그럴까? 감사할 일 역시 보려고 해야 보이고 찾으려고 해야 찾을 수 있어. 감사할 일을 찾다 보면 감사할 일이 더 많이 보일 거야.

감사는 그냥 저절로 느껴지는 감정일까? 그렇지 않아. 감사는 선택해야 하고 배우면서 훈련해야 하는 감정이야. 고마워하기로 선택한 사람만 느낄 수 있는 매우 특별한 감정이지.

감사하는 마음을 기르려면 사소한 일에서부터 감사할 일을 찾는 게 좋아. 우리가 고마움을 느끼지 못하는 이유 중 하나가 특별한 일에서만 감사할 일을 찾기 때문이거든. 하루를 돌아보면서 매일 '감사할 수 있는 일이 무엇일까?' 하고 스스로에게 물어보면 어떨까? 그리고 그동안 당연하게 여겼던 일 가운데 감사할 일들을 찾아보는 거지.

바로 지금, 친구나 가족에게 감사 쪽지를 쓰고 전화를 걸자. 음성이나 문자 메시지를 남기고 이메일을 보내는 것도 좋아. 아주 작은 일이라고 해도 말이야. 작은 일에 감사하는 습관을 들이면 더 크게 감사할 일들이 생긴다는 사실, 잊지 말고!

 **생각하기**

◎ '작은 일에도 감사할 줄 아는 사람에게 감사할 일이 더 많아진다'는 말의 의미를 생각해 보자.

실천하기

◎ 친한 친구에게 "네가 내 친구라는 사실이 너무 감사하다"고 말해 보자.

누구나 자기를 좋아하는 사람을 좋아한다

자신을 좋아한다는 말을 듣고
불쾌하게 생각할 사람은 없다.
다른 사람에게 호감을 얻는
가장 빠른 방법은 상대방을 좋아하는 것이다.

하지만 좋아하는 것만으로는 부족하다.
그 감정이 상대방에게 전달돼야 한다.
좋아하는 감정을 제대로 전달하려면
연습을 해야 한다.

그 첫 단계는
'좋아하는 마음을 표현하는 방법을
배우는 것'이며,
그다음 단계는 '표현하는 것'이다.

자동차 판매왕이 된 비결

미국의 자동차 영업 사원이었던 조 지라드.
그는 16년 동안 총 1만 3001대의 차를 팔았다.
어떤 날은 하루에 18대를 팔기도 했고,
1년 동안 1425대의 자동차를 판 적도 있다.
결국 지라드는 '세계에서 가장 위대한 세일즈맨'으로
기네스북에 올랐다.

한 기자가 지라드에게 영업 비결을 물었다.

"두 가지만 명심하면 됩니다.
첫째, 고객들은 정당한 가격을 원한다.
둘째, 고객들은 자기를 좋아하는 영업 사원에게
자동차를 구입한다."

기자는 다시
고객들이 그를 좋아하게 만드는
비결이 무엇인지 물었다.

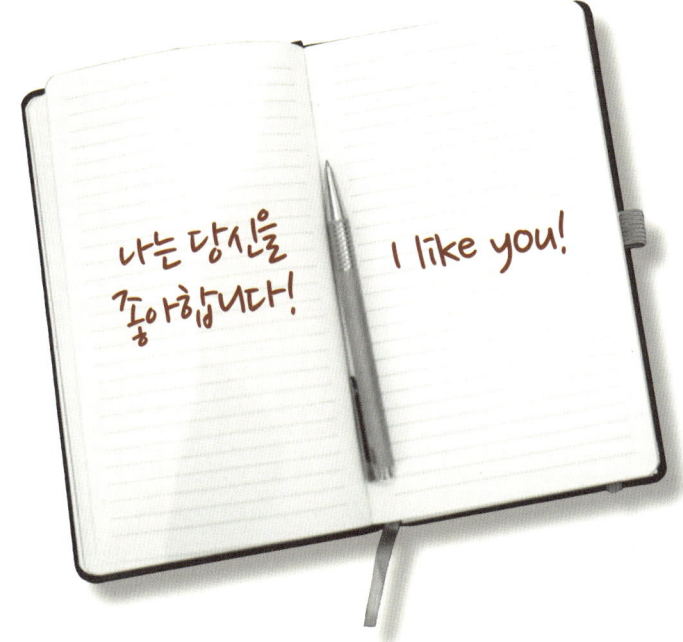

"난 매달 1만 3000명이 넘는
고객들에게 편지나 카드를 보냅니다.
신년이나 추수감사절 또는 생일 등에 따라
내용은 달라지지만 이 인사만은 빼놓지 않았죠."

"나는 당신을 좋아합니다!"
"I like you!"

10대를 위한
관계 수업 ❻

해마다 스승의 날이면 우리 과 학생들은 교수들과 함께하는 자리를 마련해. 학생들은 교수들에게 전하고 싶은 말을 적어 간단한 선물과 함께 모든 교수에게 전달하지.

그런데 몇 년이 지났는데도 지금까지 잊지 못하는 글이 있어. 다른 학생들은 '감사하다, 멋지다, 존경한다'와 같은 말들을 두세 줄씩 썼는데, 한 남학생은 딱 한 문장과 자기 이름을 썼어. '선생님이 좋아요. 기냥. ○○○' 이게 다야. 그런데 나는 왜 몇 년이 지난 지금까지도 그 짧은 글을 잊지 못하고 있을까?

왜 우리는 자기를 좋아하는 사람을 좋아할까?

심리학자 애론슨과 린다는 한 가지 실험을 통해 사람은 자기를 좋아하는 사람을 좋아하고, 자기를 싫어하는 사람을 싫어한다는 사실을 확인했어.

먼저 조교들이 실험 참여자인 것처럼 꾸미고, 실험 목적을 모르는 참여자와 잠깐 동안 이야기를 주고받게 했어. 이들의 대화가 끝난 다음 조교들은 연구자와 대화를 했어. 이 대화를 실험 참여자가 우연히 듣게 한 거야.

어떤 조교는 실험 참여자를 칭찬했고, 어떤 조교는 나쁘게 이야기했어. 그리고 실제 실험 참여자에게 가짜 실험 참여자(실제는 조교)에 대해 평가해 달라고 했어. 결과가 어땠을까? 거의 전부가 자신을 칭찬한 사람을 훨씬 더 긍정적으로 평가했어.

이 실험을 보면 별 관계가 없는 사람이라도 자기를 좋게 말해 준 사람을 좋게 평가했어. 사람은 누구나 자기를 좋아하는 사람을 좋아하게 된다는 결론을 얻은 거지. '좋아한다'는 말을 듣고 싶은 것은 인간의 본능이거든. 사람은 누군가가 자기를 좋아한다고 말하면, 그것이 진실일 거라고 믿는 경향이 있어. 사탕발림이거나 거짓말일지도 모른다고 생각하면서도 칭찬을 들으면 기분이 좋은 것과 같은 이유야.

친해지고 싶다면 좋아하자

자, 이제 누군가와 친하게 지내고 싶고, 가까워지고 싶다면 어떻게 해야 할까? 맞아, 내가 먼저 그 사람을 좋아하면 돼. 자동차 판매왕 조 지라드를 봐. 한 해에 1만 3000명에게 "저는 당신이 좋습니다"라는 마음을 전달했잖아. 그 덕분에 고객들도 지라드를 좋아하게 되었고.

사람들과 친해지고 싶다면 자기가 좋아하는 사람, 그리고 자기를 좋아하는 사람을 많이 만드는 경험을 해 보는 거야. 자신을 좋아한다는 말을 듣고 불쾌하게 생각할 사람은 없거든. 다른 사람에게 호감을 얻는 가장 빠른 방법은 상대를 좋아하는 것임을 꼭 명심하자.

그런데 아무리 찾아봐도 좋은 점이 없는 것 같다고? 그럼 그 사람과는 영원히 친구가 될 수 없는 걸까? 그렇지 않아. 사실 사람들이 만날 때 처음부터 자연스럽게 좋아지거나 그냥 상대방이 좋아지는 경우는 그렇게 많지 않거든.

친해지고 싶긴 한데 그 친구에게 쉽사리 호감이 느껴지지 않을 땐 그 친구를 잘 관찰해서 좋아할 수 있는 이유와 서로 공감할 수 있는 공통분모를 찾아보자. 사람을 좋아하는 것도, 사람들과 좋은 관계를 맺는 것도 연습과 노력이 필요한 법이니까.

좋아한다는 표현을 연습하자

대부분의 사람들은 '좋아한다'고 직접 말하는 것을 매우 쑥스러워해. 특히 가족이나 친구처럼 가까운 사이일수록 더 그래. '지겨워!' '짜증 나!'와 같은 부정적인 말은 자주 하면서 말이야. 아무리 좋아한다는 느낌이 들어도 그 순간을 혼자만 간직하면 무슨 소용이 있겠어? 오늘 표현하지 않는다면, 우리는 특별한 관계를 만들 수 있는 기회를 영원히 놓치게 될지도 몰라.

좋아한다는 표현을 쉽게 하지 못하겠다면 연습을 해 보

자. 연습을 하기 전에 이렇게 생각해 봐. '내가 그런 것처럼 사람들도 언제나 좋아한다는 말을 듣고 싶어 하고 그 말을 듣기를 기다릴 거야'라고. 그런 다음 좋아하는 감정을 상대방에게 제대로 전달하는 연습을 본격적으로 시작하는 거지.

1단계 좋아하는 사람 떠올리기

먼저 좋아하는 마음을 전하고 싶은 사람을 한 명 떠올린다. 그런 다음 그와 관련된 사람이나 일에 대해서 좋게 느껴지는 점을 찾아본다.

2단계 좋아하는 감정을 표현하는 문장 적기

'멋있어요!', '좋은 생각이야!', '옷이 참 잘 어울려!', '정말 자랑스러워!'와 같이 좋아하는 감정을 표현하는 문장과 단어를 찾아서 노트에 적어 본다. 그리고 그것을 언제든 꺼내 쓸 수 있도록 목록으로 만든다.

3단계 **직접 표현하기**

적어 놓은 목록 중 하나를 골라 지금 당장 표현해 본다. 말로 해도 좋고, 문자나 편지를 보내는 것도 좋다.

친구들, 부모님, 선생님처럼 매일 만나는 사람들이 나를 좋아하게 만들고 싶다고? 멋진 이성 친구와 사귀고 싶다고? 그렇다면 이제 내가 먼저 그들을 좋아해 보는 거야. 생각만 하지 말고, 좋아한다는 말을 나중으로 미루지도 말자. 지금 당장 입을 열고, 펜을 들어 진솔하게 표현해 볼까?

자기를 정말 좋아해 주는 사람을 싫어하기는 쉽지 않아. 나를 싫어하는 사람을 내가 좋아하기 힘든 것처럼……

 **생각하기**

◎ 내가 좋아하는 친구를 떠올려 보고, 그 친구가 나를 좋아하는지 싫어하는지 생각해 보자. 반대로 내가 싫어하는 친구를 떠올려 보고, 그 친구가 나를 좋아하는지 싫어하는지도 생각해 보자.

실천하기

◎ 엄마 손을 꼭 잡으며 "엄마, 사랑해요!"라고 말해 보자. 퇴근하고 들어오시는 아빠의 팔짱을 끼며 "아빠, 고마워요!"라고 말해 보자.

사람은 끼리끼리 어울린다

"당신들은 쥐를 잡을 심리학적인 준비가 안 되어 있소.
쥐를 잡으려면 쥐의 머릿속에 들어가
쥐처럼 생각을 할 수 있어야 하오."
영화 〈마우스헌트〉에 나오는 대사다.

상대방을 긍정적으로 변화시킬 수 있는
사람들의 공통점, 그건 바로
상대방의 머릿속에 들어가
상대방의 입장을
제대로 이해하는 공감 능력이다.

3반 "안경패밀리" ♥

루스벨트의 공통점 찾기

미국의 제32대 대통령 프랭클린 루스벨트는
상대방을 배려하는 대화를 잘하는 것으로 유명하다.

루스벨트와 대화를 나눈
사람들의 이야기를 들어 보면
대부분 자신이 존중받는 느낌이 들었으며,
루스벨트의 박식함에 놀랐다고 한다.
이러한 평가는 그냥 얻어진 것이 아니었다.

루스벨트는 어떤 손님과 만나기로 하면
그 사람의 직업이나 취향을 미리 파악하고,
그 사람이 관심 가질 만한 주제에 대해
책이나 자료를 찾아 미리 조사했다.

상대의 마음을 사로잡는
가장 중요한 방법이
공통점을 찾는 것임을
알고 있었던 것이다.

10대를 위한 관계 수업 ❼

새 학기가 되었어. 민준이는 옆자리에 앉은 새로운 짝 세미에게 말을 걸었지.

"세미야, 너 야구 좋아해?"
"응, 난 넥센 팬이야."
"그래? 나도 넥센 팬인데."

우리 같이 넥센 경기 보러 갈까?"
"좋아!"

앞자리에 앉아 있는 민수와 태희도 얘기를 나누고 있어.

"민수야, 우리 수업 끝나고 떡볶이 먹으러 갈래?"
"난 떡볶이 싫어하는데."
"그럼 햄버거는 어때?"
"싫어. 엄마가 패스트푸드 먹지 말라고 했어."
"……."

민준이와 세미, 민수와 태희 중 누가 더 앞으로 친하게 지낼 확률이 높을까?

비슷하면 쉽게 친해진다고?

유유상종(類類相從)이라는 말이 있어. 사람이든 동물이

든 끼리끼리 어울린다는 뜻이지. 서로 친하게 지내는 사람들을 보면 대개 취미나 생활 환경, 습관과 종교 등이 비슷해. 처음 만난 사이라도 고향이 같거나, 같은 학교에 다녔다면 금세 친근감을 느끼게 돼. 외국에서 한국 사람을 만나면 금방 친해지는 것도 같은 이유지. 또 인터넷 팬카페나 동호회 회원들, 야구 경기장의 응원석에서는 금방 서로에게 마음을 열어. 이들은 모두 공통분모가 많아서 서로를 좋아할 가능성이 높기 때문이야.

물론 유유상종의 원리가 부정적일 때도 있어. 심리학자 칼 로저스가 조사한 결과에 따르면 흡연, 음주 등을 하는 청소년들은 대부분 비슷한 생활습관을 갖고 있는 것으로 나타났거든. 한마디로 잘못된 행동을 하는 친구와 친해지면 우리도 그와 똑같은 행동을 하게 된다는 거야. 부모님이 '좋은 친구를 사귀라'고 항상 당부하는 이유도 바로 여기에 있어.

우리는 왜 비슷한 사람을 좋아할까?

단순하게 생각해 볼까? 나와 아주 비슷한 친구가 있어. 좋아하는 음식도 같고, 취미도 같아. 이야기도 아주 잘 통해. 그런데도 이 친구를 싫어할 수 있을까? 자기와 매우 비슷한 친구를 싫어하는 것은 자기 자신을 싫어한다는 의미가 되잖아. 세상에 자기를 싫어하는 사람은 그리 많지 않아. 그래서 사람들은 자신과 비슷한 사람을 좋아해. 또 다른 이유들을 알아볼까?

하나, 낯선 것을 싫어하기 때문이다.

닭이나 원숭이 등 많은 동물들은 자기와 다른 개체가 나타나면 강하게 배척하는 경향이 있어. 자기 종족을 보호하기 위한 행동이야. 사람도 마찬가지야. 자기와 다르고 낯선 것은 싫어하는 습성이 있어. 당연히 자기 자신과 비슷한 사람에게 끌리는 거지.

둘, 내가 옳다는 생각이 들기 때문이다.

누군가가 우리와 비슷하게 행동하는 것을 보면 나도 모르게 내가 '옳다'는 생각이 들어. 자기가 옳다고 확인했으니 기분이 좋아지겠지? 그래서 사람들은 자기를 기분 좋게 해 주는 비슷한 사람을 좋아하는 거야.

셋, 상대방을 예측하기 쉽기 때문이다.
태도나 습관, 취미가 비슷하다면 그 사람의 행동을 더 쉽게 예측할 수 있겠지? 도대체 무슨 생각을 하는지, 어떤 행동을 할지 예측이 안 되는 사람과는 쉽게 친해지기 힘들 거야.

공통점을 찾으면 가까워질 수 있다

자신과 비슷한 사람을 좋아하는 심리를 이해하면 사람들과도 친하게 지낼 수 있어. 이게 무슨 말이냐고? 누군가와 친하게 지내고 싶다면, 공통점을 찾아보라는 말이야. 반대로 서로 사이가 좋지 않은 사람들은 공통점을 찾는 대신 다른 점을 강조하곤 해. 그러면 이들은 자연스럽게 멀어지겠지?

만일 친해지고 싶은 사람이 있는데 공통점이 잘 보이지 않는다면? 상대방의 장점이나 좋아하는 것, 사고방식을 잘 관찰해 보자. 그런 다음 나의 장점, 취향, 사고방식과 조화를 잘 이루도록 대화를 이끌어 가는 거야. 다른 사람과 쉽게 가까워지는 비결이지.

예를 들어, 친하게 지내고 싶은 친구가 강아지를 기른다는 사실을 알았다면, 그 강아지의 특징을 알아보거나 관심을 가지는 거지. 그리고 강아지를 화제 삼아 이야기를 나누는 거야. "나도 너처럼……" 하면서 말을 꺼내면 그 친구와 한결 더 가까워질 거야.

유유상종은 사람의 본능이고 기본적인 심리야. 하지만 중요한 것은 비슷한 사람끼리만 어울리면서 지내기보다는, 더 의미 있고 폭넓은 인간관계를 만들며 살아가야 삶이 더 풍요롭고 아름다워질 수 있다는 거야. 그러려면 사람들을 처음 만날 때 다른 점부터 찾기보다는 공통점이 무엇인지 찾아보는 노력을 해 보면 좋겠지?

생각하기

◎ 가장 친한 친구 한 명을 떠올려 보고, 나와 어떤 점이 비슷한지 생각해 보자.

실천하기

◎ 친하게 지내고 싶지만 쉽게 가까워지지 못한 사람을 유심히 관찰하여 나와 어떤 공통점이 있고, 어떤 차이점이 있는지 적어 보자.

자주 보면 친해진다

아파트 주민들은 어떤 사람들과 친하게 지낼까? 한 연구에 따르면, 두 집 사이의 거리가 가까울수록 서로 친하게 지내는 것으로 밝혀졌다. 기숙사 생활을 하는 대학생들을 대상으로 한 연구에서도 같은 결과가 나타났다.

1년 동안 기숙사 생활을 했던 학생들을 대상으로
교우관계를 조사한 결과,
같은 층의 다른 친구들에 비해
같은 방을 쓰는 룸메이트를
가장 친한 친구로 꼽는 경우가
훨씬 더 많았다.

가까이 있을수록
사람들이 더
친해지는 것을
심리학에서는
'근접성의 효과'
라고 한다.

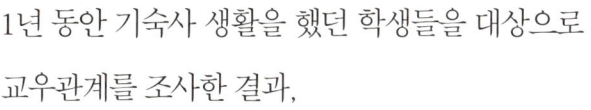

자꾸자꾸 보다 보니 정든 에펠탑

1889년, 프랑스 혁명 100주년에 맞춰 열린
세계 만국 박람회를 기념하여
파리 한복판에 에펠탑이 세워졌다.
에펠탑 건립 계획이 처음 발표되었을 때
파리의 많은 예술가들과 시민들은
320미터 높이의 철골 구조물이 흉측하다며
건립을 반대하고 나섰다.
에펠탑이 세워진 뒤 소설가 모파상은

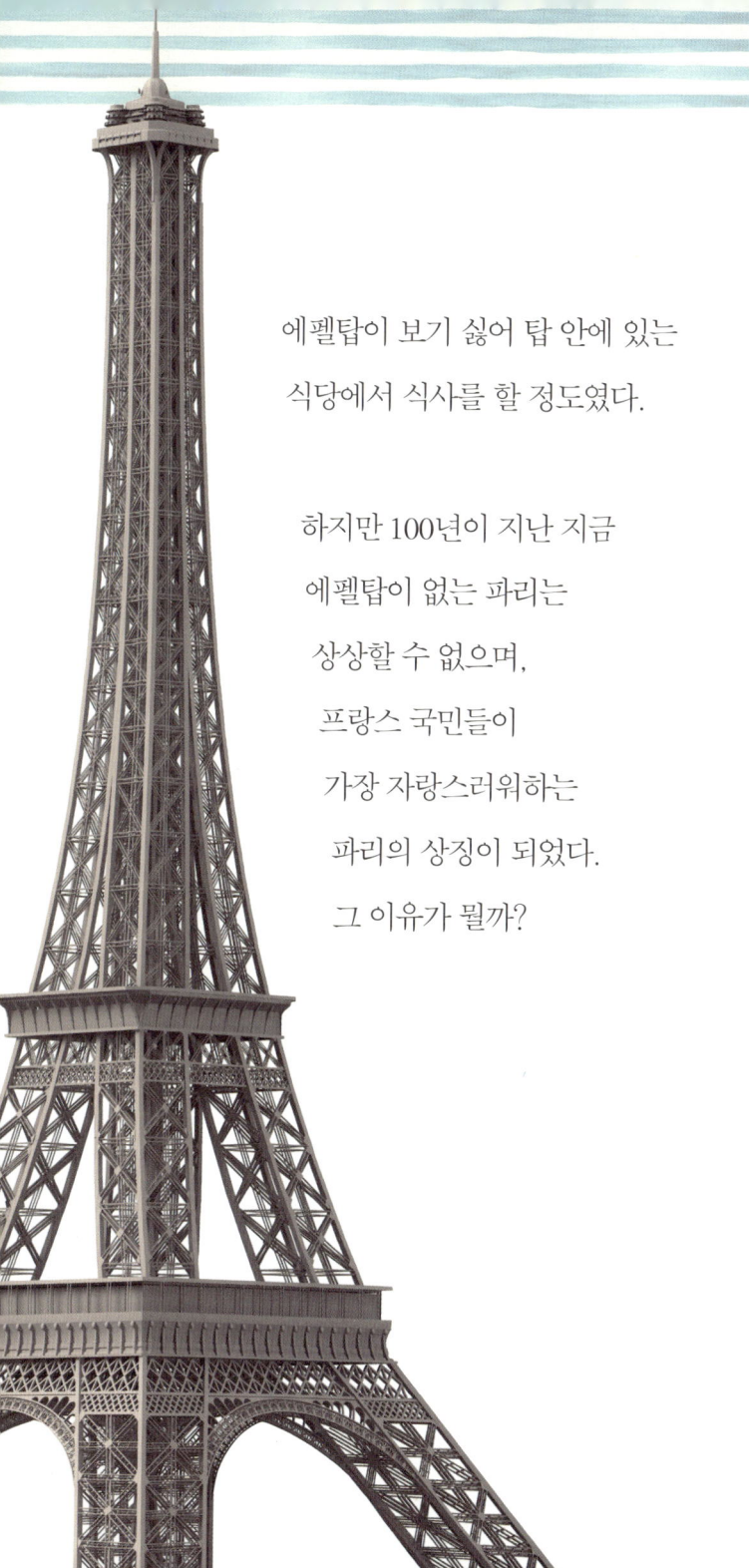

에펠탑이 보기 싫어 탑 안에 있는
식당에서 식사를 할 정도였다.

하지만 100년이 지난 지금
에펠탑이 없는 파리는
상상할 수 없으며,
프랑스 국민들이
가장 자랑스러워하는
파리의 상징이 되었다.
그 이유가 뭘까?

탑의 높이가 300미터가 넘기 때문에
파리 시민들은 좋든 싫든 눈만 뜨면
에펠탑을 봐야 했고,
매일 보다 보니 점점 정이 들었기 때문이다.

어떤 대상에 익숙해지면
우리도 모르는 사이에
그 대상을 좋아하게 된다.

10대를 위한 관계 수업 ❽

　에펠탑을 처음 본 파리 사람들은 그저 흉측한 철골 구조물이라고 생각했어. 하지만 자주 보다 보니 익숙해지고 정이 들게 된 거지. 텔레비전 광고를 한번 생각해 볼까? 제품을 알리기 위해 계속 반복해서 보여 주잖아. 어쩔 수 없이 자주 보다 보면 우리는 그 제품에 익숙해지고, 친근해지기까지 하잖아.

자주 볼수록 그 대상에 대한 호감이 높아지는 것을 심리학에서는 '**단순노출의 효과**'라고 해. 더 쉽게는 '**에펠탑 효과**'라고 부르기도 하지. 그런데 과연 사람과 사람 사이에서도 에펠탑 효과가 통할까?

자주 보면 친해진다고?

물론이야. 사람과 사람이 친해지려면 자주 봐야 하고, 자주 보려면 가까이 있어야 해. 그래야 서로를 알 수 있는 시간과 기회가 생기니까. 한동네에서 가까이 사는 친구일수록 더 친해질 가능성이 높아. 학교에서도 같은 반이거나 같은 반이었던 친구들과 친하게 지내잖아. 연예인도 텔레비전에 자주 나올수록 인기가 있는 것과 마찬가지야.

심리학자 제이용크는 이를 증명하기 위해 실험을 했어. 실험 참가자들에게 얼굴 사진 열두 장을 특별한 순서 없이 보여 준 거야. 그 결과 사람들은 더 많이 본 사진일수록 더 친근하게 느끼고 호감도도 높아진다는 사실을 알아냈지.

친해지고 싶은 친구가 있다고? 그럼 이제부터 그 친구 주변에서 머무르며 눈인사라도 자주 해 보는 거야. 그리고 친구가 되고 싶다고 용기 있게 말을 걸어 보는 거지. 아마도 처음 보자마자 친구가 되고 싶다고 고백하는 것보다 훨씬 친한 친구가 될 확률이 높아질 거야.

자주 본다고
다 친해지는 것은 아니다

자주 보면 정이 들고, 자꾸 만나다 보면 좋아진다고 하니 사람 사귀는 것이 별것 아닌 것 같다고? 안타깝게도 꼭 그렇지는 않아. 자주 본다고, 가까이 있다고 모든 사람이 좋아지는 건 아니거든. 첫인상이 좋았거나 나쁘지 않았던 사람, 나와 비슷할 것 같은 사람의 경우에만 호감도가 올라간다는 사실! 첫인상이 나빴다면 아무리 자주 보고 가까이 있어도 더 싫어지고 불편해지는 경우도 많아.

심리학자 펄만의 실험을 한번 살펴볼까? 펄만은 실험 참가자들에게 세 장의 사진을 보여 주면서 각각의 인물을 유능한 과학자(긍정적인 인물), 평범한 사람(중성적인 인물), 범죄자(부정적인 인물)로 소개했어. 각각의 사진을 1회, 5회, 10회씩 보여 주면서 사진 속 주인공에 대한 인상을 평가하게 했지.

실험 결과는 어땠을까? 긍정적인 인물과 평범한 사람에 대한 호감도는 사진을 보는 횟수가 많을수록 높아졌어. 반면 부정적인 인물은 자주 볼수록 호감도가 떨어졌지. 이 실험에서 우리는 세 가지 교훈을 얻을 수 있어.

첫째, 누군가와 가까워지고 싶다면 자주 만나라.
둘째, 되도록 가까이 다가가라.
셋째, 그 과정에서 불쾌한 기분이 생기지 않게 하라.

학교를 다니다 보면 여러 친구를 만나게 돼. 친구들과 어떻게 친해지게 됐는지 한번 곰곰이 생각해 볼까? 내가 먼저 좋아해서 사귀게 된 친구와 나를 먼저 좋아해서 사귀게 된 친구는 어떤 차이가 있을까? 평소에 자주 전화나 문자로 안부를 묻고 내가 연락하기 전에 먼저 연락해 주는 친구와, 어쩌다 한번 뭔가를 빌리거나 부탁할 게 있을 때만 연락하는 친구가 있다면, 누구에게 더 호감이 갈까? 지금 같은 반도 아닌데 아직도 친하게 지내는 친구와 학년이 바뀌면서 자연스럽게 멀어진 친구 사이에는 어떤 차이가 있는지 생각해 보면 좋겠어.

생각하기

◎ 나는 평소 친구에게 먼저 연락을 하는 편인지, 연락을 기다리는 편인지 생각해 보자. 그리고 그 이유에 대해서도 생각해 보자.

 **실천하기**

◎ 친해지고 싶은 친구가 있다면, 지금 바로 문자를 보내거나 전화를 걸어 안부를 묻자.

뜻밖의 작은 친절을 베푼다

우리는 평소 알고 지내는 어떤 사람에 대해
그가 어떻게 행동할 것이라는
나름의 예상을 할 수 있다.
예를 들어, 평소에 나에게 관심이 없는 오빠는
내가 책장 높은 곳에 꽂혀 있는 책을 꺼내려고
까치발을 하며 버둥거리고 있어도

못 본 척 그냥 지나칠 것이 뻔하다.
그런데 오빠가 슬쩍 다가와 책을 꺼내 준다면?
그리고 나를 바라보며 미소를 짓는다면?
나는 그런 작은 친절에 감동해서
지금까지와는 다르게 오빠를 바라볼지도 모른다.

사람들과 친하게 지내려면
가끔 감동을 줄 필요가 있다.
이때 상대방이 예상하지 못한
'뜻밖'의 행동은 매우 효과적이다.

무서운 선생님의 미소

초등학교 5학년 때의 일이다.
무섭기로 소문난 헌병대 출신 선생님이
우리 반 담임이 되었다.
시험이 끝난 지 며칠 안 된 어느 날,
선생님이 날 찾으신다는 말에
잔뜩 겁을 먹고 교무실로 갔다.
선생님은 입을 꾹 다문 채 무서운 표정으로 나를
한참 쳐다보시더니 이렇게 말씀하셨다.

"공부 좀 할 것 같은데
성적이 왜 이렇게 엉망이냐?"
그리고 한참 뜸을 들이신 뒤
"잘할 수 있지?" 하면서 씩 웃으셨다.

시험 결과를 잘 알고 있던 나는
혼날 각오를 단단히 하고 교무실에 갔었다.
그런데 평소에 잘 웃지도 않던
선생님이 보여 주신 모습은
정말 뜻밖이었고
감동 그 자체였다.

그때부터 나는 그 선생님뿐 아니라
공부도 좋아하게 되었다.
그 선생님이 평소에 부드럽고
친절했던 분이라면
그렇게까지 감동했을까?

10대를 위한
관계 수업 ❾

　　혹시 기대하지 않았는데 부모님이 평소에 신고 싶던 운동화나 입고 싶던 청바지를 갑자기 사 주셔서 뛸 듯이 기뻤던 적 있니? 내가 어릴 적 무서운 담임 선생님에게 크게 혼날 거라고 생각했다가 미소를 본 순간 감동했던 것처럼 말이야. 기대하지 않았기 때문에 기쁨이 훨씬 커지는 이런 심리는 인간관계에서도 똑같이 적용돼. 생각지도 못한 작은 행동이나 배려가 감동을 주기도 하거든. 물론 반대의 경우도 있어. '기대가 크면 실망도 크다'는 말도 있잖아. 이처럼 상대방의 행동이 우리의 기대치를 긍정적인 방향으로 위반하면 호감이 증가하고, 부정적인 방향으로 위반하면 호감이 줄어드는 현상을 심리학에서는 '**기대치 위반의 효과**'라고 해.

기대에 따라 행동에 대한 평가가 달라진다고?

1973년 스톡홀름의 한 은행에 무장 강도가 침입했어. 네 명의 인질이 강도들에게 잡혀 있었지. 당연히 인질들은 처음엔 엄청난 공포로 덜덜 떨었어. 그런데 이상하게도 시간이 지나면서 점점 인질들이 강도들에게 호감을 느끼기 시작했대. 놀라운 건 인질극이 끝나고 경찰서에서 증언을 할 때 오히려 강도들을 동정하면서 처벌하지 말라고 호소했다는 거야. 심지어 한 여성은 그중 한 명과 사랑에 빠져

약혼자에게 파혼을 요구하기도 했고.

왜 그랬을까? 이유는 간단해. 강도가 자신들을 해칠 것이라는 예상과 달리 오히려 친절을 베풀었기 때문이야. 강도들의 행동이 인질들의 기대치를 위반했다고 할 수 있어.

우리는 평소 알고 지내는 어떤 사람에 대해 그가 어떻게 행동할 것이라는 나름의 기대치를 갖고 있어. 평소에 착한 행동을 많이 하는 사람이라면 '이런 상황에서 그는 이렇게 행동할 거야', 또는 나쁜 행동을 많이 하는 사람이라면 '당연히 나쁜 행동을 하겠지' 하고 미리 생각하는 게 기대치라고 할 수 있어. 상대방의 행동이 우리의 기대치를 넘어서거나 못 미치면 그 사람에 대한 우리의 평가도 바뀌지. 만약 상대방의 행동이 우리의 기대치를 넘어서면 호감이 커지고, 기대치에 못 미치면 호감이 줄어드는 거야.

좀 더 쉽게 설명해 줄게. 평소에 공부를 못하던 동생이 100점짜리 성적표를 들고 오면 어떨까? 전혀 기대하지 않왔던 부모님은 100점이라는 점수에 굉장히 기뻐하실 거야. 하지만 평소에 늘 100점을 맞던 누나가 90점짜리 성적표를 들고 온다면? 높은 점수인데도 부모님 입장에서는 조금 아쉬울 수 있다는 거야.

뜻밖의 작은 친절이 가져다주는 큰 효과

다른 사람과의 관계에서도 이런 기대치를 활용해 보면 어떨까? 좋은 관계를 유지하려고 할 때 꼭 특별한 것이 필요한 건 아니야. 좋은 관계는 오히려 일상의 작은 즐거움들로 유지되는 경우가 많거든. 가끔은 주변 사람들에게 평소와는 다른 뭔가를 해 보는 거야. 예를 들면, 아침 일찍 일어나 아버지의 구두를 말끔하게 닦아 놓거나, 휴일에 엄마가 잠시 장 보러 간 동안 설거지를 해 놓는 것은 어떨까? 입시 공부에 지친 오빠에게 힘이 나는 편지를 써서 책상 위에 올려놓거나, 짝꿍의 책상 서랍 안에 사탕과 함께 쪽지를 넣어 두는 것도 좋겠지?

가까운 사람에게 작은 친절을 베푸는 습관을 갖기는 생각처럼 쉬운 일은 아니야. 하지만 뜻밖의 작은 친절이 예상하지 못했던 큰 효과를 발휘한다는 걸 느끼고 나면 아마 노력하고 싶어질 거야. 작은 친절을 베풀 때 상대방은 우리를 사려 깊고, 예의 바르고, 착한 사람으로 여기게 될 테니까. 참, 작은 친절로 예상 밖의 효과를 거두려면 반드시 '뜻밖'이어야 해. 상대방이 전혀 눈치채지 못하게, 알았지?

생각하기

◎ 왜 사람들은 예상하지 못한 작은 친절에 더 크게 감동하는지 그 이유를 생각해 보자.

실천하기

◎ 좋아하는 선생님의 수업 시작 전에 시원한 비타민 음료를 교탁 위에 올려놓아 보자.

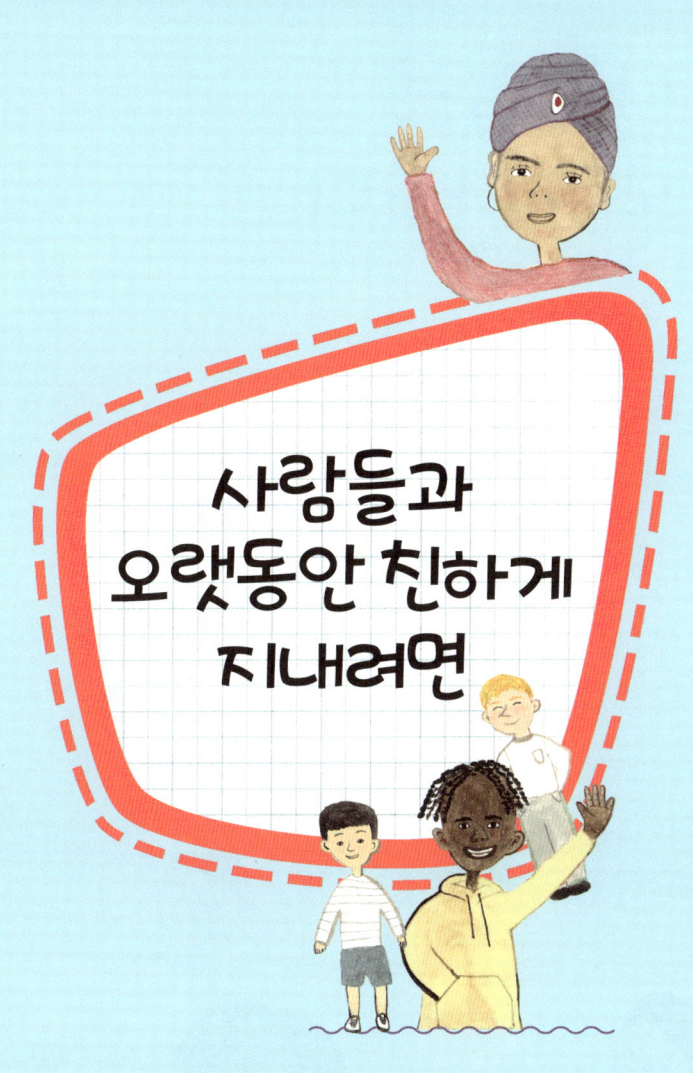

사람들은 모두 다르다

부모님이 정말 화가 났을 때
부모님과 나의 차이를 좁히는
지혜를 발휘하자.

첫째, 부모님도 화나는 일이 있으면 언제든지
화낼 수 있는 평범한 인간임을 이해하자.
둘째, 나에게 화내는 것은 내가 정말 미워서가
아님을 알아야 한다.
셋째, 부모님의 입장에서 부모님의 마음을
이해하고 공감하려고 노력한다.
넷째, 부모님을 존중하고
최선을 다하는 모습을 보여 준다.

넌 안 작아

《넌 안 작아》라는 그림책에는
서로 자기 의견이 옳다고 주장하는
두 털북숭이가 등장한다.
어느 날 덩치 큰 오렌지색 털북숭이가 나타나
보라색 털북숭이더러 "넌 작아!"라고 말하자
보라색 털북숭이가 이렇게 대꾸한다.

"난 안 작아. 네가 큰 거지."

그때부터 두 털북숭이는 서로 작네, 크네 하며
티격태격하다가 이내 목청껏 싸우기 시작한다.

미국에서 태어난 강소연 작가는
어려서부터 외모가 다르다고 놀림을 받았던
경험을 바탕으로 이 책을 썼다.
우리 모두는 외모나 생각이 다르므로
서로 다름을 존중해야 한다는
내용의 책이다.

모두 조금씩 다르다.
하지만 다르다는 이유로
놀림받을 이유는 없다.

10대를 위한 관계 수업 ❿

"저 친구는 왜 저렇게 말을 더듬을까?"

"쟤는 왜 저렇게 공부를 못하지?"

"넌 왜 매일 그 운동화만 신고 다녀?"

친구와의 갈등은 이렇게 시작돼. 이러한 갈등이 생겨 나는 건 자기와 생각이나 취향, 환경이 다르면 일단 나쁜 것, 틀린 것으로 판단하기 때문이야.

말을 더듬는 건 태어날 때부터 몸이 불편해서일 수 있고, 공부 역시 누구나 잘할 수는 없어. 아무리 노력해도 안 되는 일은 있는 거니까. 또 어떤 운동화만 신고 다니는 건 그 사람만의 취향인걸. 이런 상황과 취향, 나와 다른 친구의 모습을 있는 그대로 받아들이지 않으면 다른 사람과 좋은 관계를 유지하기는 힘들어.

다른 것은 틀린 것이 아니다

전 세계 사람들 가운데 똑같이 생긴 사람은 단 한 명도 없어. 일란성 쌍둥이도 자세히 보면 다른 부분이 있잖아. 사람들이 서로를 이해하기 어려운 이유는 생김새가 다르기 때문이기도 하지만, 같은 사물이나 현상을 보고 다르게 해석하기 때문이기도 해. 같은 것을 보고 다르게 해석하는 건 각자의 경험도 다르고 원하는 것도 다르기 때문이야. 이 중요한 사실을 깨닫지 못하면 그때부터 다른 사람과의 관계가 힘들어지기 시작하지.

'다름' 그 자체가 문제는 아니야. '다른 것=틀린 것'이라는 생각이 가장 큰 문제지. 인종 차별, 종교 분쟁, 노사 문제, 좀 더 범위를 좁혀 보면 형제 갈등, 왕따 문제 등의 원인은 모두 다른 것을 틀린 것이라고 생각하기 때문이야.

다시 말하지만 다른 것은 틀린 것이 아니야. 나쁜 것은 더더욱 아니고. 이제부터 머릿속에서 '다른 것=틀린 것'이라는 생각을 아예 지워 버리자. 이게 바로 올바른 인간관계를 시작하는 첫 단추니까.

옳은 말 하는 사람보다
이해해 주는 사람이 좋다

우리는 옳은 말을 하는 사람보다 나를 이해해 주는 사람을 더 좋아하는 경향이 있어. 나를 이해해 주는 사람이라면 그가 무슨 말을 하든 받아들이려고 노력하게 되지. 하지만 나를 이해해 주지 않는 사람이라면 아무리 옳은 말을 해도 그 사람의 말을 잘 안 듣게 돼.

다른 사람과의 관계에서도 상대방을 이해하는 것은 아주 중요한 문제야. 친구와 갈등이 있어 고민이라면 먼저 그 친구의 입장에서 왜 그렇게밖에 할 수 없었는지를 곰곰이 생각해 보면 어떨까?

모든 행동에는 다 이유가 있어. 다른 사람들과 겪는 갈등도 다 이유가 있지. 갈등을 극복하려면 이것만 기억하자. '사람들은 모두 다르다는 것!' '사람들은 모두 저마다의 사정이 있다는 것!'

서로의 차이를 인정하면 이해가 싹트고 갈등이 사라져. 또 입장을 바꿔 생각할 줄 아는 사람은 타인의 인정과 지지를 받기도 쉽지. 반대로 서로의 차이를 인정하지 않으면 오해가 싹틀 수밖에 없어. 그런 오해가 갈등의 원인이 되는 것이고.

상대방의 눈을 통해 세상을 바라볼 수 없다면 누구와도 원만한 관계를 맺을 수 없어. 꼭 기억했으면 해. 누군가를 사랑한다는 건 그 사람을 있는 그대로 인정한다는 뜻이라는 걸.

생각하기

◎ 평소에 나와 외모나 성적, 취향, 가정 형편이 다른 친구들을 어떻게 대했는지 생각해 보자.

실천하기

◎ 오늘 하루는 친구와 선생님, 부모님과 형제 가운데 한 사람을 정해 놓고 그 사람의 입장이 되어 보자.

상처는 건드리지 말자

"진실만큼
마음에 거슬리는 것은 없다"는
프랑스 속담이 있다.

누구나 아픈 곳을 찔리면 화가 난다.
솔직하게 표현하는 것과
상대방에게 상처를 주는 것은 다르다.
상대방의 상처나 열등감, 약점 등은
건드려서는 안 된다.

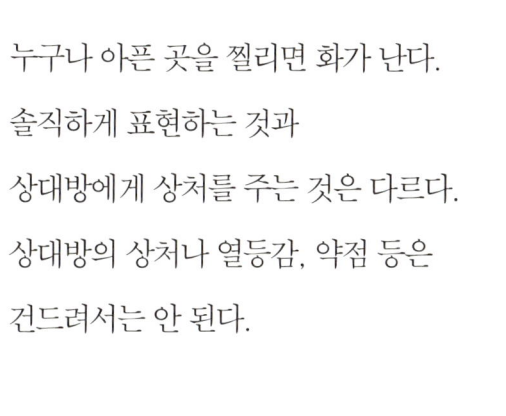

절대 건드리면 안 되는 것

'역린'이라는 말이 있다.
중국의 사상가인 한비자는 자신의 책 《세난》 편에서
왕을 설득하는 과정의 어려움을 이야기하며

상대의 아픈 곳을 건드리면
결코 상대를 설득할 수 없음을
'역린지화(逆鱗之禍)'라는 말로 경고했다.
여기에서 '역린'이라는 말이 우리에게 전해진 것이다.

"용이란 원래 순한 동물이다.

잘 길들이면 사람이 타고 다닐 수도 있다.

하지만 목 근처에 거꾸로 나 있으면서

길이가 한 자나 되는 비늘인

역린을 건드리면 절대로 안 된다.

용은 이것을 건드리는 자를 반드시 죽여 버린다.

왕에게도 이런 역린이 있으니

절대로 이 역린을 건드리면 안 된다."

10대를 위한 관계 수업 ⑪

노처녀와 노총각은 어떤 말이 가장 듣기 싫을까? "결혼 안 해?" "언제 결혼할 거야?" 이런 말일 거야. 공부 못하는 학생은 어떨까? "성적이 왜 그 모양이야?" "공부를 안 하는 거야, 못하는 거야?"라는 말이 듣기 싫겠지. 그렇다면 뚱뚱한 사람은? "몇 킬로그램이나 나가?" "다이어트 안 해?"라는 말이 엄청 듣기 싫을 거야.

중·고등학생 300여 명을 대상으로 부모님께 가장 듣기 싫은 말을 조사했더니, 공부와 성적에 관한 말이었대. 그다음으로 싫어하는 말은 형제나 친구 등 다른 사람과 비교하는 말이고. 너희가 가장 듣기 싫어하는 말은 뭐니?

콤플렉스를 건드리면
돌부처도 돌아선다

'역린'이라는 말의 뜻과 유래, 잘 읽어 봤지? 그런데 왕에게만 역린이 있을까? 사람이라면 누구나 자기 나름의 역린을 갖고 있어. 역린을 요즘 말로 표현하면 '콤플렉스'라고 할 수 있을 거야. 콤플렉스란 자기가 다른 사람에 비해 뒤떨어졌다거나 능력이 없다고 생각하는 감정이나 의식을 말해. 보통 열등감 또는 약점이라고도 하지. 외모 콤플렉스가 있다는 건 외모에 자신이 없다는 것이고, 학력 콤플렉스가 있다는 것은 학력에 대해 열등감이 있다는 뜻이야.

사람들과 좋은 관계를 맺고 싶다면 그 사람의 역린이 무엇인지를 먼저 헤아리는 것이 좋아. 아무리 가까운 사이라도 그 사람의 역린을 건드리면 안 되는 법이거든.

제발 이런 말만은 하지 말자

아무리 친한 사이라고 해도 뚱뚱한 친구에게 "살 좀 빼라!"고 하고, 말을 더듬는 친구에게 "말 좀 똑바로 해!"라고 하면 어떨까? 아무리 좋은 뜻으로 말했어도 듣는 친구는 상처 받을 수 있어.

남에게 씻을 수 없는 상처를 주면서도, 정작 그 사실을 깨닫지 못하는 사람이 많아. 그런 사람들은 "나쁜 뜻으로 말한 게 아니야." "그래도 뒤끝은 없잖아!"라며 자기 행동을 정당화하곤 해. 하지만 해서는 안 될 말로 상대방에게 상처를 주는 것과 자신의 감정을 솔직하게 표현하는 것은 분명히 달라. 아무리 내가 A라는 뜻으로 말했다고 해도 듣는 사람이 B로 들으면 B인 것이 의사소통의 기본 원리라고 할 수 있어.

앞에서 이야기한 프랑스 속담을 다시 한 번 읽어 볼까? "진실만큼 마음에 거슬리는 것은 없다." 진실이든 아니든 누구나 아픈 곳을 찔리면 화가 나. 당연히 아픈 곳을 찔러 대는 사람을 좋아할 이는 이 세상에 아무도 없지.

엎질러진 물은 다시 주워 담을 수 없어. 그러니까 상대방이 상처 받을 만한 말이나 행동을 하지 않도록 늘 조심하는 지혜가 필요해. 무심코 던진 돌에 개구리가 맞아 죽는다는 말이 있지? 무심코 던진 말로 인해 생긴 상처의 아픔은 결코 쉽게 낫지 않는다는 사실, 꼭 기억하자!

 생각하기

◎ 나의 콤플렉스는 무엇인지, 누군가 내 콤플렉스를 건드리면 어떤 생각과 행동을 하는지 떠올려 보자.

 **실천하기**

◎ 친한 친구에게 내가 절대로 건드리면 안 되는 역린이 있는지 물어보자.

적당한 거리를 두자

함께 있되 거리를 두라
그래서 바람이
너희 사이에서 춤추게 하라

서로 사랑하라
그러나 사랑으로
구속하지는 말라
그보다 너의 혼과 혼의
두 언덕 사이에
출렁이는 바다를 놓아 두라

서로의 잔을 채워 주되
한쪽의 한 잔만을 마시지 말라

서로의 빵을 주되
한쪽의 빵만을 먹지는 말라
함께 노래하고 춤추며 즐거워하되
서로는 혼자 있게 하라

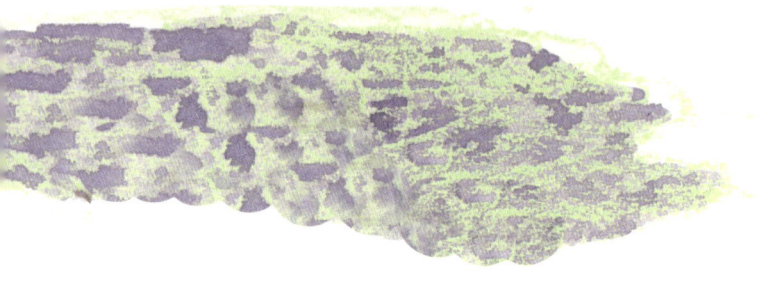

마치 현악기의 줄들이
하나의 음악을 울릴지라도
줄은 서로 혼자이듯이
서로 가슴을 주라

그러나 서로의 가슴에 묶어 두지는 말라
함께 서 있으라
그러나 너무 가까이 서 있지는 말라

사원의 기둥들도 서로 떨어져 있고

참나무와 삼나무는 서로의 그늘 속에선 자랄 수 없다

_ 칼릴 지브란의 시

〈사랑을 지키는 아름다운 간격〉

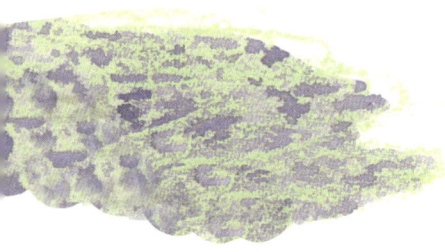

아프리카 바늘두더지의 갈등

아프리카 바늘두더지 이야기다.

한겨울 매서운 추위 속에서

바늘두더지 한 쌍이 덜덜 떨고 있었다.

두 바늘두더지는 온기를 느끼려고

서로의 몸을 붙이려 했지만, 쉬운 일이 아니었다.

너무 가까이 다가가면

서로의 가시가 상대의 몸을 찔러 상처를 주고,

그렇다고 너무 멀리 떨어지면

따뜻함을 느낄 수가 없었기 때문이다.
이 바늘두더지 커플은 어떻게 되었을까?

둘은 서로 가까이 다가갔다가
멀어지기를 거듭하면서
상대의 몸을 다치게 하지 않고도
서로의 온기를 느낄 수 있는
거리를 찾아냈다고 한다.

**10대를 위한
관계 수업 ⑫**

<u>속으로</u> '제발 좀 떨어져!'라고 외치면서 언짢은 기색을 보여도 눈치 없이 지나치게 가까이 다가오는 사람이 있어. 내 제자 중 한 명도 함께 공부하는 친구 때문에 마음이 너무 불편하다며 어찌 해야 좋을지 상담을 청해 왔어.

"그 친구는 제가 논문을 읽고 있으면 뭘 보는지 꼬치꼬

치 물어봐요. 제게 묻지도 않고 책이나 노트를 들춰 보기도 하고, 필기구도 마음대로 가져다 쓰고요." 아무리 싫은 눈치를 줘도 친구가 알아차리지 못해서 함께 있으면 신경이 곤두서고 공부가 안 된다고 하소연을 하더라고.

대부분의 사람들은 개인 공간을 침범당하면 자신도 모르게 불쾌감을 느끼게 되지. 다른 사람이 원치 않는데도 경계를 침범하는 사람은 어딜 가든 환영받기 힘들어. 동물들도 그런데 사람은 오죽하겠어. 인간을 포함한 모든 동물들 사이에서 '거리'는 참 중요한 요소야.

동물들 사이엔 지켜야 할 거리가 있다

동물은 자기 영역을 침범하는 침입자가 나타나면 본능적으로 공격 자세를 취해. 종족을 보호하고, 영역을 지키기 위해서지. 그런데 이때 재미있는 현상이 일어나. 침입자가 나타나면 방어를 하면서도 일정한 거리가 유지되면 먼저 공격하지 않는다는 거야.

노련한 조련사는 사자 같은 맹수를 다룰 때 적절한 거리를 유지하는 것이 매우 중요하다고 말해. 너무 멀리 떨어져 있으면 맹수가 조련사를 무시하고, 너무 가까이 다가가면 위협을 느껴 조련사를 공격할 수 있기 때문이야. 동물들이 조련사의 말을 가장 잘 따르면서도 공격 행동을 하지 않는 거리가 있는데, 그것을 '**임계 거리**'라고 해.

아무리 친해도 적당한 거리를 유지하자

인간관계에도 임계 거리가 있어. 심리학자 솜머와 베커가 임계 거리에 관한 실험을 했어. 도서관에서 낯선 사람이 옆에 와서 앉을 때와 그렇지 않을 때 여학생들이 보이는 행동을 관찰한 거야. 낯선 사람이 바로 옆에 앉으면 무려 70%의 여학생이 30분 안에 자리를 떴어. 그렇지 않은 경우는 10%의 여학생만이 자리를 떴지.

화장실이나 전철에서도 마찬가지야. 충분한 공간이 있다면 사람들은 일정한 간격을 유지하려고 해. 누구에게나 다른 사람에게 침해받지 않고 자유롭게 사용할 수 있는 개인적인 공간이 필요하거든.

선생님과 멀어지고 싶지 않으면 선생님 책상 위의 물건을 함부로 건드리면 안 되고, 친구와 친하게 지내고 싶으면 친구가 불쾌감을 느낄 정도로 너무 가깝게 다가가면 안 돼. 임계 거리를 지켜야 한다는 말이야.

가족끼리도 지켜야 할 경계가 있다

물리적인 공간도 중요하지만 자기만의 프라이버시, 즉

사생활도 무척 중요해. 아무리 친한 사이라도 침해당하고 싶지 않은 사생활이 있는 법이거든. 상대방이 말하고 싶지 않은 부분까지 시시콜콜 다 알고 싶어 하는 것은 관심이 아니라 개인의 영역을 침범하는 행위야. 도움을 구하지도 않았는데 일일이 관여하는 것도 간섭이자, 상대방이 지키고 싶어 하는 경계를 넘는 침입 행동이라고 할 수 있어. 그런데 특히 가족과 같은 친밀한 관계에서 상대방의 사생활을 무시하는 경우가 더 많아.

동생의 서랍을 함부로 뒤지고, 늦은 밤에 노크도 없이 부모님 방에 불쑥 들어가는 것도 상대방의 영역을 침범하는 무례한 행동이야. 가족이니까 괜찮지 않냐고? 그렇지 않아. 아무리 가깝고 친밀한 가족이라도 개인의 영역을 함부로 침범하면 불쾌감을 줄 수 있어.

만난 지 얼마 안 된 사이든, 친한 사이든, 상대가 누구든 상관없이 우리는 너무 멀지도 않게, 지나치게 가깝지도 않게 적당한 거리를 유지해야 좋은 관계를 이어 갈 수

있어. 내가 생각 없이 상대방의 사생활을 넘보거나 경계를 넘어서는 행동을 하면 상대방이 불쾌감을 느낄 수 있다는 사실을 잊으면 안 돼. 건강한 인간관계를 위한 적당한 거리, 잘지킬 수 있겠지?

생각하기

◎ 친한 친구에게 지나치게 간섭했다가 다툰 적이 있는지 떠올려 보자. 그 반대의 경우는? 그럼 그 이유가 무엇이고 앞으로 어떻게 해야 할지 생각해 보자.

실천하기

◎ 버스나 전철을 탔을 때, 모르는 사람들이 서로 붙어 앉는지 떨어져 앉는지 관찰해 보자.

모르면 모른다고 말하자

"인생을 거의 다 살고 난 다음에야 '나는 몰라요'라고 말하는 것이 얼마나 쉬운지를 알게 되었다."
《인간의 굴레》를 쓴 영국의 소설가 서머싯 몸이 남긴 말이다.

모르는 것을 '모른다'고 말하면
어떤 장점이 있을까?

솔직하다는 인상을 주고
겸손한 사람으로 평가받으며
당당하게 느껴진다.

노벨문학상 수상자도 모르는 것

영국의 철학자이자 노벨문학상 수상자인
버트런드 러셀이 컬럼비아 대학교에서
강연할 때 있었던 일이다.
강연이 끝난 뒤 한 학생이
러셀에게 꽤 어려운 질문을 했다.
러셀은 몇 분 동안 손에 턱을 괴고 생각에 잠겼다.
그리고 한참 뒤 질문 내용을 정리해서 되물었다.

"내가 지금 말한 것이 학생이 저에게 질문하고자 하는 내용이 맞습니까?"

그 학생은 정중하게 '그렇다'고 대답했다.

러셀은 다시 생각에 잠겼고,
이번에는 더 긴 시간이 흘렀다.
이윽고 당대 최고의 학자 러셀은 강당을
가득 메운 청중 속의 학생에게 이렇게 말했다.

"정말 좋은 질문이군요. 그런데 나는 그 질문에 답할 능력이 없네요."

최고의 학자도 모르는 것이 있을 수 있다.
많은 사람 앞에서 솔직하게
모른다고 말한 러셀은
자신감과 용기가 필요했을 것이다.

그런데 그날 강의를 들은 학생들은
러셀이 무식하다고 비난했을까?

10대를 위한 관계 수업 ⑬

　누구나 한두 번은 수업 시간이나 대화 도중에 모르는 사실이나 모르는 단어를 아는 체하고 그냥 넘어간 경험이 있을 거야. 나도 예전에 강의하다가 잘 모르는 내용에 대해 학생이 질문하면 아는 체하며 대충 넘어간 적이 있어. 그런데 그 상황을 벗어나고 나면 학생들에게 미안하고 나 자신이 미워지더라고.

이제는 나이가 들고 경험이 쌓이면서 모르는 것을 굳이 아는 체할 필요가 없다는 것을 알게 되었어. 모른다는 사실을 인정하면 그로 인해 더 많은 것을 얻을 수 있다는 걸 깨달았거든. 그래서 요즘은 강의 중에 모르는 내용을 질문하는 학생에게 '모른다'고 솔직히 말하곤 해. 대신 최선을 다해 모르는 내용을 찾아본 후 질문한 학생에게 알려주지.

사람들은 왜 모르는 걸 모른다고 하지 않을까?

사람들은 왜 모르는 것을 모른다고 솔직하게 말하지 못하고, 아는 척하거나 얼렁뚱땅 넘어갈까? 알려 달라는 말도 안 하고 말이야. '모른다'는 사실을 인정하면 자존심이 상하고, 상대방이 무시할 것 같고, 무식하다고 놀림을 받을까 봐 그럴 거야. 도움을 청하지 못하는 건 거절을 당할까 봐 두려워서 그렇고. 한마디로 자존심과 체면 때문이지.

그런데 말이야, 이 세상의 일은 너무나 방대해서 모든 것을 다 알 수도 없고, 할 수 있는 일이 많지도 않아. 세계적인 학자들도 자기가 공부한 분야 외에는 모르는 게 훨씬 많은 게 사실이잖아. 그러니까 이제부터는 마음 편하게 생각하고, 주문을 거는 거야. '누구나 모르는 것이 있기 마련이다. 모르는 건 절대 창피한 일이 아니다!'라고.

도움이 필요할 때는
도와 달라고 부탁하자

얼마 전 원고를 쓰고 있는데 갑자기 영어 단어의 철자가 생각나지 않는 거야. 발음을 떠올리며 사전을 아무리 뒤져도 그 단어를 찾지 못했어. 하는 수 없이 영문과 교수님에게 전화를 걸어 도움을 요청했어. 그 교수님은 내가 찾는 단어가 프랑스어에서 생겨난 말이라 철자를 찾기 힘들었을 거라며 단어의 철자와 함께 어원까지도 친절하게 알려 주었어.

그 교수님은 나를 무식하다고 무시했을까? 아니면 심리학과 교수가 영어 단어도 모른다며 놀렸을까? 둘 다 아니었어. 그 일이 있고 난 후 그분은 내게 심리학에 대해 이것저것 물어 왔고, 덕분에 우리는 더욱 친해졌어.

모르는 것을 모른다고 말하면 그것에 대해 잘 알고 있는 사람이 가르쳐 줄 수 있겠지? 그러면 그 사람은 자부심과 우월감을 느낄 거야. 이때 몰라서 질문한 사람은 이제 알게 되었다는 안도감과 함께 그 사람에게 감사한 마음을 느끼게 돼. 그래서 잘 아는 사람과 모르는 사람, 둘 다 친하게 지낼 수 있는 거야.

또한 도와 달라고 부탁하면 도움을 베푼 사람에게 기쁨을 줄 수 있어. 대부분의 사람은 누군가를 도와주면서 기쁘고 행복한 감정을 갖게 되거든. "부탁하는 사람은 5분 동안 바보가 될 수 있다. 하지만 부탁하지 않는 사람은 평생 바보가 된다"는 중국 속담이 있어. 모르는 것이 있으면 부모님, 선생님, 친구에게 기꺼이 물어보면 어떨까?

모르는 것을 아는 척 넘어가면 우리는 더 이상 새로운 것을 배울 수 없어. 솔직하지 못했다는 자책감이 생길 수도 있고. 또 알려 달라고 도움을 요청하면 그 사람과 친해질 수도 있는데, 그 기회마저 놓치고 말지.

기꺼이 '모른다'고 말하면 상황이 달라져. 다른 사람에게 솔직하다는 인상을 줄 수 있고, 겸손한 사람으로 평가받기도 해. 또 오히려 당당해 보이기도 해. 그렇다면 우리는 어느 쪽을 택해야 할까?

 생각하고 실천하기

◎ 모르면서도 '모른다'고 말하지 못했던 일 한 가지를 떠올려 보고, 왜 그렇게 행동했는지 그 이유를 생각해 보자.

◎ 요즘 가장 고민인 문제를 하나 떠올려 보고, 부모님 중 한 분에게 진지하게 상담해 보자.

우리가 사랑해야 할 사람

엄마 아빠,
사랑해요

어느 날 아침 치매 증상이 있는 늙은 아버지가
마루에 앉아 있다가 아들에게 물었다.
"얘야, 저기 나뭇가지에 있는 게 뭐냐?"
"까치예요."

"응, 그래."
얼마 있다 아버지가 다시 물었다.
"애야, 저기 나뭇가지에 있는 게 뭐냐?"
그러자 아들은 퉁명스럽게 대답했다.
"까치라니까요!"

얼마 후 아버지의 치매 증상은 점점 더 심해져
아들은 아버지를 요양원에 모실 수밖에 없었다.
그리고 아버지의 방을 치우던 중
오래전 아버지가 쓰신 일기장을 보게 되었다.

오늘 아들 녀석이 마루에서 놀다가
감나무에 앉아 있는 까치를 보고 내게 물었다.
"아빠, 저게 뭐야?"
"응, 까치라는 새란다."
이제 막 말을 배우기 시작한 아들 녀석은
그 후로도 스물세 번이나 똑같은 질문을 했다.
아들 녀석이 그렇게 똑같은 말을 반복하는 게
너무너무 귀엽고 신기하다.
우리 아들, 생각만 해도 기분이 좋다.

_고 황수관 박사가 어느 방송 프로그램에서 한 이야기 중에서

전부 무료

어느 날 저녁 어린 아들이 엄마에게 종이를 내밀었다.
거기엔 이렇게 적혀 있었다.
"잔디 깎은 값 5달러, 내 방 청소한 값 1달러,
가게에 엄마 심부름 다녀온 값 50센트,
쓰레기 내다 버린 값 1달러,
엄마가 시장 간 사이에 동생 봐 준 값 25센트,
숙제를 잘한 값 5달러, 마당을 청소한 값 2달러,
전부 합쳐서 14달러 75센트."

강아지 산책 500원
내방 청소 1000원
심부름 500원
동생돌보기 500원
설거지 1000원
화장실 청소 1000원
받을 돈 ~~4500원~~
전부 다 지불 되었음

엄마는 기대에 찬 눈빛의
아들 얼굴을 쳐다보았다.
그러고는 연필을 가져와
종이 뒷면에 이렇게 적었다.
"너를 배 안에 열 달 동안 데리고 다닌 값 무료,
네가 아플 때 밤 새워 가며 간호하고 기도한 값 무료,
너 때문에 지금까지 여러 해 동안 힘들어 한 값 무료,
장난감, 음식, 옷, 심지어 네 코를 닦아 준 것도

전부 무료,
너에 대한 내 진정한 사랑도 모두 무료!"

엄마가 쓴 글을 다 읽은 아들은 갑자기 눈물을 뚝뚝 흘리며 엄마에게 말했다.

"엄마, 사랑해요!"

그러더니 자신이 적은 종이 위에 이렇게 썼다.

"모두 지불되었음!"

"개구리 올챙이 시절 생각 못한다"는 속담, 알고 있지? 부모님은 항상 우리 곁에 있어. 배고플 때, 추울 때, 그리고 내가 아플 때……. 사실 우리는 부모님의 사랑을 너무 당연하게 여기며 살고 있잖아. 개구리처럼.

부모님이 아직 내 곁에 있다는 것, 먹여 주고 입혀 주고,

학교와 학원에 보내 주고, 아플 때 걱정하고 보살펴 주는 등. 찾아보면 부모님에게 감사해야 할 일이 정말 많아.

우리는 왜 부모님께 감사해야 할까?

아주 쉽고도 어려운 질문이지? 부모님은 우리를 이 세상에 태어나게 해 주신 유일한 분들이야. 아무 대가 없이 날 사랑해 주고, 믿어 주는 유일한 분들이고. 이것만으로도 부모님께 감사해야 할 이유는 충분해.

좀 더 깊이 생각해 볼까? 부모님이 우리에게 베풀어 준 것들을 당연하게 여기지 않고 고맙게 생각한다면, 우리와 부모님 사이는 지금보다 훨씬 더 친밀해질 거야. 자식 입장에서 항상 감사하는 마음으로 생활하면 하루하루가 더욱 즐거워지지 않을까? 자식이 감사한 마음을 가지고 항상 부모님을 대한다는 걸 알면, 부모님 역시 자식과 더욱 행복하게 살려고 하시지 않을까?

"사랑받고 싶다면 먼저 사랑하라"는 말이 있어. 사랑하면 사랑을 받게 되고, 감사하면 감사할 일이 더 많이 생기는 법이야. 결국 우리가 부모님께 늘 감사하는 마음을 가지면 그대로 우리가 돌려받게 되는 거지.

입장을 바꿔 생각하면

부모님과 사이가 좋지 않다고? 감사한 마음을 표현하는 게 어색하다고? 그럴 땐 서로의 입장을 바꿔서 생각해 보는 시간이 필요해.

먼저 부모님이 자녀의 입장을 이해하려고 조금만 더 노력한다면 자녀와의 관계가 한결 좋아질 거야. 마찬가지로 우리도 부모님에 대한 생각과 태도를 조금만 바꾼다면 부모님이 우리를 대하는 방식이 달라지겠지. 물론 생각과 태도를 바꾸는 것이 쉬운 일은 아니야. 상대방과 입장을 바꿔서 생각하는 건 꽤나 어려운 일이지. 사람은 자기를 중심으로 세상을 보고 판단하는 동물이거든. 하지만 약간만 다른 각도에서 바라보면 얼마든지 더 나은 상황과 관계를 만들 수 있는 능력을 가진 동물도 바로 사람이야.

마태복음 7장 12절에 "무엇이든지 남에게 대접을 받고자 하는 대로 너희도 남을 대접하라"는 구절이 있어. 남을 대할 때는 성경 구절처럼 실천하려고 하면서도, 이상하게 부모님이나 형제자매인 가족에게는 그렇지 못한 경우가 많아. 성경에 '가족을 제외하고'라는 문구는 없는데도 말이야.

부모님도 칭찬받고 싶고, 인정받고 싶고, 위로받고 싶은 마음은 우리와 똑같아. 그러니 부모님께 감사한 마음을 미루지 말고 표현해 보는 것은 어떨까?

마지막 순간에
간절히 원하게 될 그것을……

이 세상의 모든 사람은 언젠가 우리 곁을 떠나. 할아버지, 할머니도. 엄마, 아빠도. 소중한 사람에게 고마운 마음을 계속 품을 수 있는 가장 효과적인 방법은 '모든 것은 결국 지나간다'는 진리를 끝없이 되새기는 거야. 시간이 지나면 언젠가는 늘 곁에 있던 가족과 떨어져 살아야 할 때가 오고, 결국에는 영원한 이별을 하게 돼.

이유 없이 부모님께 화를 내고 짜증 낸 적 있니? 엄마가 잔소리할 때 뒤돌아서 욕하고 투덜거린 적은? 부모님이 나에게 해 주는 것은 당연하다고 생각하면서 조금이라도 힘들면 신경질을 부리고 화를 냈던 적은?

부모님 때문에 심하게 화가 났다고? 말하기도 싫다고? 그런데 오늘이 지나면 다시는 부모님과 만날 수 없을지도 모른다고 생각해 볼까? 지금 이 순간이 부모님과 함께하는 마지막 시간일 수 있다고 생각해 보는 거지. 그러면 평소에는 당연하게 생각했던 많은 일들이 특별하게 느껴질 거야. 평소 같으면 짜증 나고 화가 날 일도 별일 아닌 것처럼 느껴지게 될 거야.

대부분의 자식들은 나중에 부모님에게 은혜를 갚을 수 있을 것이라고 생각하며 살아. 이 다음에 커서 잘하면 된다고 생각하지. 그래서 오늘 부모님께 건넬 따스한 말 한마디를 나중으로 미루지. 나중? 그게 언제일까? 더 늦기 전에 부모님께 사랑한다고 말해 보자. 말로 하기 쑥스럽다고? 그렇다면 문자나 메일로 해도 좋아. "사랑해요!"라고 말하는 순간, 부모님과 나 사이가 훨씬 더 가까워져 있을 거야.

생각하기

◎ 부모님은 나를 얼마나 사랑하는지, 나는 부모님을 얼마나 사랑하는지 생각해 보자.

 **실천하기**

◎ 학교 가기 전에 엄마 손을 잡고 "사랑하고 존경합니다!"라고 말해 보자. 퇴근하고 돌아오시는 아빠 품에 안기며 "감사합니다!"라고 말해 보자.

나는 선생님이 좋아요

어느 눈먼 소년이 있었다.

그는 귀가 밝아 작은 소리까지 들을 수 있었다.

어느 날 교실 안에 쥐가 들어왔고

소년은 귀를 기울여 쥐가 어디 있는지 알아냈다.

쥐는 쉽게 잡혔다.

선생님은 그를 따로 불러 이렇게 말했다.
"넌 우리 반의 어떤 친구도 갖지 못한
능력을 갖고 있어.
네겐 특별한 귀가 있잖니."
이 말 한 마디로 소년의 인생은
완전히 달라졌다. 눈먼 소년은 커서
'I just called to say I love you'라는 곡을
세계적으로 히트시킨
가수가 되었다.
그의 이름은 스티비 원더다.

알렉사 선생님께 이 책을 바친다

"어떤 교사도 저능아로 낙인찍힌 나에게
관심을 기울이지 않았다.
그러나 4학년 때, 대학을 갓 졸업하고 담임으로
부임하신 알렉사 선생님은 달랐다.
'넌 잘할 수 있다'고 말하면서 나에게
다른 선생님들보다 더 많은 것을 기대하고 요구했다.
나는 선생님을 기쁘게 해 드리고 싶었다.
선생님이 기대한 것 이상으로 노력해서

난생처음으로 전 과목 A학점을 받았다.
중학교에 들어간 나는 IQ를 연구하는
심리학자가 되기로 결심했다.
그리고 예일 대학교 심리학과 교수가 되었다.
초등학교 4학년 때 만약 다른 분이 담임이었다면
나는 예일 대학교 연구실을 차지한 교수가 아니라,
그 방을 청소하는 사람이 되었을지도 모른다."

이 사람은 오늘날 지능 분야에서
세계 최고의 학자로 인정받고 있는
로버트 스턴버그 박사다.
그가 쓴 책《성공 지능》의 첫 장에는
단 한 문장이 쓰여 있다.

"내 인생의 방향을 바꾸어 주신
알렉사 선생님께 이 책을 바친다."

10대를 위한 관계 수업 ⑮

 "교수님, 이번 담임 선생님은 저하고 잘 안 맞는 것 같아요. 예쁘지도 않고 웃기지도 않아요. 공부를 잘 가르치는 것 같지도 않고요. 작년 담임 선생님은 절 많이 귀여워해 주고, 특별 대우를 해 줬는데 이번 선생님은 그렇지 않아요. 선생님이 마음에 들지 않으니 공부도 하기 싫고, 괜히 짜증 나고, 학교도 가기 싫어요. 어떻게 해야 할까요?"

한 학생이 메일로 보내 온 상담 내용이야. 너희도 이런 고민해 본 적 있지? 없다면 다행이지만, 한 번이라도 그런 적이 있다면, 아니 지금 이런 고민을 하고 있다면 내 이야기를 잘 들어 봐.

상황을 탓하지 말고 마음가짐을 바꿔 보자

우리를 가르치는 선생님이 모두 연예인처럼 멋있고, 개그맨처럼 재미있다면 좋겠지만 현실은 그렇지 않아. 선생님도 너희와 똑같은 평범한 사람인걸.

날씨는 우리 마음대로 선택할 수 없어. 하지만 비가 올 때 우산을 쓸지 말지는 얼마든지 우리 마음대로 선택할 수 있잖아. 선생님도 마찬가지야. 우리 마음대로 선생님을 선택할 수는 없지만 선생님에 대한 내 태도와 마음가짐은 얼마든지 선택할 수 있지.

세상에는 두 종류의 사람이 있어. '다른 사람을 탓하며 행운이 찾아오기를 바라는 사람'과 '자기 인생에 책임을 지며 스스로 행운을 만들어 가는 사람'이야. 너희는 어떤 사람이 되고 싶니? 선생님이 마음에 들지 않는다며 선생님을 탓하는 사람? 아니면 바람직한 방향으로 마음과 태도를 바꾸어 가는 사람?

선생님이 싫다고
공부까지 미워하진 말자

옛말에 "스님이 싫으면 가사(스님이 입는 옷)도 밉다"는 말이 있어. "아내가 사랑스러우면 처갓집 말뚝 보고도 절한다"는 속담도 있지. 누군가를 싫어하면 그 사람과 관련된 모든 것이 싫어지고, 누군가를 좋아하면 별것 아닌 데도 그 사람과 연관되어 있으면 무조건 좋아하게 되는 것이 사람의 심리라는 의미를 담고 있지.

사람의 심리가 원래 그렇다 보니 선생님이 싫으면 그 선생님이 가르치는 과목조차 싫어지는 건 당연해. 반대로 좋아하는 선생님이 생기면 그 선생님이 가르치는 과목도 덩달아 좋아져서 더 열심히 공부하기도 하잖아.

하지만 자기 인생을 주도적으로 살아가는 사람은 학교나 집안, 선생님, 친구 같은 환경이 아니라 자기만의 목표에 집중해. 선생님이 싫든 좋든 자신의 필요에 따라 공부한다고 볼 수 있지. 선생님이 싫다고 그 과목까지 싫어한다면 자신의 인생을 스스로 선택하지 못하는 동물과 뭐가 다를까?

싫은 선생님을 만났을 때
지혜롭게 대처하는 법

싫어하는 선생님과 어쩔 수 없이 공부를 해야 한다면 다음과 같이 마음먹고 행동해 보자.

하나, 선생님이 모두 천사표는 아니다.

너희는 부모님에게 항상 최고의 아들딸이니? 너희는 누구에게나 사랑받는 친구니? 너희가 항상 최고이고 최선일 수 없듯이 선생님도 항상 너희에게 최고이고 최선일 수는 없어. 선생님도 평범한 한 인간이기에 한계와 문제가 있는 것은 당연해. 따라서 우리가 맨 먼저 할 일은 이거야. 선생님은 전지전능하지도 않고, 완벽하지도 않고, 천사표도 아닌 평범한 사람이라는 사실을 깨닫는 것!

둘, 남의 잘못에서 배울 점을 찾는다.

타산지석(他山之石)은 남의 산에 있는 거친 돌이라도 옥(玉)을 가는 데에 쓸모가 있다는 말이야. 쓸모없어 보이는 것도 쓰기에 따라 유용한 것이 될 수 있다는 뜻이지. 선생님이 싫다면 그 모습을 닮지 않기 위해 나는 앞으로 어떤 노력을 해야 할지 생각해 보자. 단, 그전에 내가 선생님을 싫어하는 이유가 합당한지, 내가 먼저 선생님을 좋아할 수는 없는지 고민해 봐야겠지?

셋, 싫을수록 내 편으로 만든다.

현명한 사람은 싫은 사람을 자기편으로 만들 줄 알아. 먼저 선생님의 입장이 되어 볼까? 그러면 나의 어떤 행동을 좋아할지 짐작할 수 있을 거야. 그 과목을 더 열심히 공부하고, 선생님과 자주 눈을 마주치고, 수업 시간에 귀를 쫑긋 세워 보는 거야. 그리고 공손하게 자주 질문하고. 어때? 이러면 선생님이 날 좋아하겠지? 그러다 보면 결국 나도 선생님이 좋아질 거야.

살다 보면 추운 날도 있고, 더운 날도 있어. 비가 오기도 하고, 눈이 오기도 하지. 호감이 가는 사람도 만나지만, 마음에 들지 않는 사람을 만나게 되는 경우도 있어. 나는 이것이 앞으로 너희가 살게 될 인생이라고 생각해.

사람과의 관계를 맺는 데 사용하는 지능은 좋아하는 사람과 어떻게 지내느냐가 아니라 싫은 사람과 어떻게 지내느냐에 따라 결정되는 경우가 많아. 좋아하는 사람뿐만 아니라 싫어하는 사람과도 원만하게 지낼 수 있는 능력을 지금부터 기른다면, 어른이 되어 무슨 일을 하든 주변 사람들이 든든한 후원자가 되어 줄 거야.

생각하기

◎ 지금까지 가장 기억에 남는 선생님을 떠올려 보고, 왜 기억에 남는지 이유를 생각해 보자.

실천하기

◎ 친해지고 싶은 선생님께 "저는 선생님이 좋아요!"라는 메모를 써서 시원한 음료수와 함께 드려 보자.

친구야,
우리 이렇게 정을 나누자

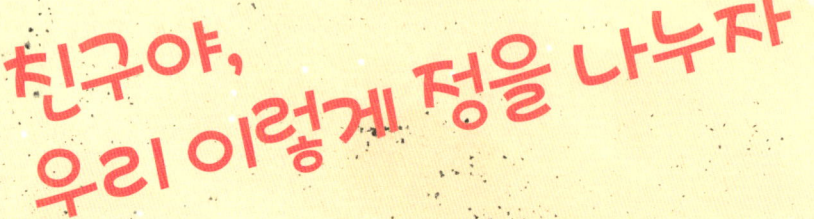

좋은 친구를 사귀는 열 가지 방법

1. 먼저 자기 자신을 사랑하라.
2. 친구의 입장이 되어 생각하라.
3. 가까울수록 예의를 갖춰라.
4. 쓸데없는 자존심을 내세워 친구를 이기려고 하지 마라.
5. 적게 말하고 많이 들어라.
6. 말과 행동을 일치시켜라.
7. 겸손하되, 자신의 뜻을 분명히 밝혀라.
8. 완벽한 사람이 아니라 솔직한 사람이 돼라.
9. 친구의 장점을 먼저 칭찬하고, 그다음 단점을 알려줘라.
10. 원하지 않는 친구와 억지로 사귀려고 애쓰지 마라.

나를 알아주는 친구

중국 춘추 시대의 거문고 연주자 백아에게는
종자기라는 친구가 있었다.
백아가 높은 산에 오르고 싶은 마음을 담아
거문고를 연주하면
종자기는 '하늘 높이 산이 있구나!' 하고
알아차렸고, 백아가 강을 생각하며 거문고를 타면
'넘실넘실 흐르는 강이 참 푸르구나!' 하고 헤아렸다.
그 정도로 둘은 서로 마음이 통하는 친한 친구였다.

그러던 어느 날, 종자기가 먼저 세상을 떠나자
백아는 거문고 줄을 끊어 버리고는
다시는 거문고를 타지 않았다.

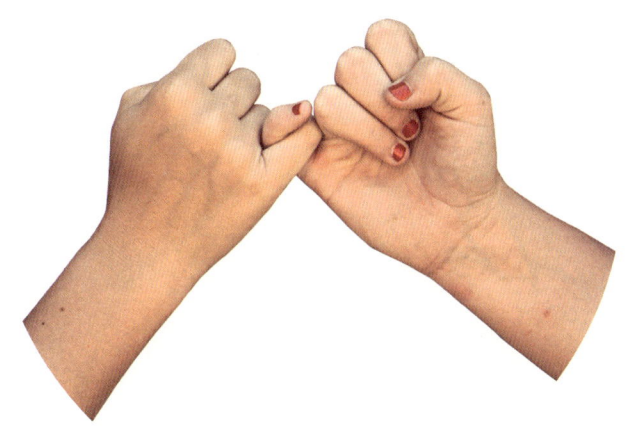

"종자기가 없으니 이 세상에서
아무도 나의 거문고
소리를 알아듣는 이가 없구나."

백아와 종자기처럼 자기의 진심을 알아주는

진정한 친구라는 의미로

'지음(知音)의 벗'이라는 말이

아직도 전해져 오고 있다.

10대를 위한 관계 수업 ⑯

너희는 고민이 생기면 누구와 가장 먼저 상의하니? 부모님? 선생님? 아니면 친구? 한 조사에 따르면 대부분의 청소년들이 고민을 털어놓는 대상은 또래 친구라고 해. 성적 고민이든, 이성 친구 고민이든, 학교 생활 고민이든 말이야.

그런데 아무리 친구가 많다고 해도 그 친구들 모두에게 내 고민을 털어놓지는 않잖아. 알게 모르게 마음이 더 가고 더 가깝게 느껴지는 친구가 있거든.

친구란 뭘까?

너희 주변에는 함께 어울리는 많은 친구가 있지? 학교 친구도 있고, 동네 친구도 있고, 학원 친구도 있을 거야. 앞으로 중학교, 고등학교, 대학교에 들어가면 지금보다 더 많은 친구를 사귈 수 있을 테고. 물론 어른이 되면 직장에서도 친구를 사귀게 될 거야. "평생 정을 나누고 의지할 친구가 단 한 명만 있어도 그 사람의 인생은 성공한 것이다." 어른들이 흔히 하는 말이지. 그만큼 친구가 소중하다는 것을 강조하는 말이기도 해.

어떤 철학자는 이렇게 말했어. "당신의 친구 세 명을 내 앞에 데리고 오시오. 그러면 당신이 어떤 사람인지 말할 수 있소." 친구를 보면 그가 어떤 사람인지 알 수 있다는 말인데, 일리가 있어. 앞에서도 말한 적 있지? 사람들은 성적이든 성격이든 취미든 비슷한 구석, 즉 공감대가 있어야 친구가 될 수 있다고. 결국 친구는 곧 나의 다른 모습이고, 내가 소중히 여겨야 할 사람인 거지.

좋은 친구란 누구일까?

열심히 공부하라는 말 다음으로 부모님이 우리에게 자주 하는 말은 무엇일까? 아마도 좋은 친구를 사귀라는 말일 거야. 그런데 도대체 부모님이 말하는 '좋은 친구'란 대체 어떤 친구일까?

아마도 공부 잘하고, 성격도 활발하고, 예의도 바른 친구일 가능성이 높아. 대부분의 부모님이 비슷하게 생각할 거야. 거기다가 함께 있으면 즐거워지는 친구, 얼굴에 늘 웃음이 떠나지 않는 친구, 나중에 함께 일하고 싶은 생각이 드는 친구가 있다면 그런 친구가 좋은 친구 아닐까?

그런데 한 가지 더 생각해 볼 게 있어. '나는 주변 친구들에게 과연 좋은 친구인가?' 하고 말이야. 좋은 친구를 사귀고 싶으면 내가 먼저 좋은 친구가 되어야 하지 않을까? 내가 좋은 친구가 아닌데 나만 좋은 친구를 사귀기는 어려울 테니까. 유유상종이라는 말 잊지 않았지?

녹명(鹿鳴)이라는 말이 있어. 친구를 상징하는 옛말인데, 글자 그대로는 '사슴의 울음소리'란 뜻이야. 사슴이 맛있는 풀을 발견하면 울음소리를 내어 친구를 불러 모아 함께 풀을 먹는다는 의미가 담겨 있어. 고래는 바다에 살지만 물 밖에서 폐로 숨을 쉬는 동물이야. 친구 고래가 아파서 물 위로 올라와 숨을 쉬기 어려우면 다른 건강한 고래가 물 위로 친구를 밀어 올려 숨을 쉬게 해 준다고 해.

이처럼 동물을 통해서도 좋은 친구란 어떤 친구인지 배울 수 있어. 사슴과 고래 같은 친구가 곁에 있는지, 내가 과

연 그런 친구인지 곰곰이 생각해 볼까?

　이제, 앞에 소개한 좋은 친구를 만드는 열 가지 방법을 다시 한 번 읽어 봐. 그리고 좋은 친구를 만들기 전에 내가 먼저 '좋은 친구'가 되려면 어떤 태도와 자세로 생활해야 하는지 생각해 보면 좋겠지?

생각하기

◎ '좋은 친구'는 어떤 친구고, '나쁜 친구'는 어떤 친구일까? 그리고 나는 평소에 어떤 친구였는지 생각해 보자.

실천하기

◎ 가장 친한 친구의 이름을 적은 다음, 그 옆에 내가 그 친구를 좋아하는 이유를 적어 보자.

부모님과 함께 읽는 삶의 지혜!
멋진 신사숙녀로 성장하도록 도움 주는 책!

10대를 위한 심리학자의 인성교육 ❷ 생각이 달라지는 긍정

긍정적으로 생각하고 행동하는
자존감 넘치는 나!

이민규 지음 | 172쪽 | 10,000원

10대를 위한 심리학자의 인성교육 ❸ 꿈을 이루는 목표

목표를 정하고
꿈을 이루는 방법!

이민규 지음 | 148쪽 | 10,000원

10대를 위한 심리학자의 인성교육 ❹ 인생을 바꾸는 습관

나쁜 습관을
좋은 습관으로 바꾸는 방법!

이민규 지음 | 204쪽 | 12,000원

10대를 위한 심리학자의 인성교육 ❺ 결심을 지키는 실천

한 번 결심하면
반드시 실천할 수 있는 비결!

이민규 지음 | 144쪽 | 10,000원

심리학자에게 배우는 관계·긍정·목표·습관·실천의 힘!